나는 당신과 함께 나이 들며 행복하게 살고 싶다

나는 당신과 함께 나이 들며 행복하게 살고 싶다

다툼과 상처를 극복하고
행복하게 나이 들어가는 법을 깨달은
55쌍 부부와의 인터뷰

에바 예기 지음 · 고맹임 옮김

그들은 어떻게 용서하고 화해하며
행복하게 나이 들어가는 법을
깨달았을까?

한때 우리는 열정적으로 사랑했다. 파트너에 대한 동경, 저항할 수 없는 욕망, 달콤한 말들…… 이런 감정에 충만해 인생을 약속했다.

하지만 열정이 사라진 후에 남은 것은? 그것은 오롯이 둘만의 관계다. 나는 상담실을 찾은 부부나 연인들에게 묻는다.

"지금 둘 사이를 연결시키는 건 무엇인가요?"

뜨거운 열망 뒤에 남는 것, 일시적 감정 뒤에 남는 것, 그것이 바로 사랑을 지속하게 만드는 열쇠이며, 도무지 그 깊이를 알 수 없는 사랑의 비밀이다.

우리는 흔히 짜릿한 감정에 사로잡혀 '완전한' 사랑이라거나 '영원한' 사랑, '소울 메이트'라는 말을 한다. 나의 상담 경험상, 완전한 사랑, 영원한 커플 같은 건 없었다. 단지 좀 더 완전해지기 위해 노력할 뿐. 모순처럼 들리겠지만, 나는 사랑에 빠지지 않고도 사랑하는 방법에 대해 이야기하려고 한다. 요컨대, 나는 이 책에서 사랑을 지속하게 만드는 방법, 그런 관계를 가능하게 만드는 방법에 대해 이야기하려고 한다.

이 책에는 많은 부부와 연인들이 등장한다. 내게 오랫동안 상담을 받은 사람들이다. 이들은 많은 시간을 부부로 혹은 커플로 살아왔다. 둘만의 아름다운 시간들, 그리고 별로 아름답지 않은 시간들, 다툼과 충돌. 이런 과정들이 어떤 식으로든 둘의 관계를 단단히 묶고 삶의 지혜를 깨닫게 했다.

인생의 수많은 문제들처럼 '관계'를 푸는 정확한 레시피는 없다. 내가 다른 사람과 다른 점은 사람의 심리를 다루는 것이 나의 직업이고 평생을 연구해왔기 때문에 다른 사람보다 좀더 폭넓은, 혹은 적절한 조언을 해줄 수 있다는 점이다. 무수한 사람들을 상담 치료하면서 많은 사례를 축적해왔기 때문에 좀더 많은 심리적 해법을 갖고 있을지도 모르겠다. 그런 이유로 '관계'의 문제를 좀더 깊이, 폭넓게 바라볼 수 있었다.

관계에는 수많은 갈등이 내재되어 있다. 파트너에게 첫눈에 반한 순간, 결혼을 하는 순간부터 사실상 우리는 갈등을 안고 시작하는 것이다. 갈등은 둘이 만들어낸 관계에서 필연적으로 발생하는 독소이다. 절대적으로 한 사람의 문제로만 치부할 수 없는 복잡성이 여기에 존재한다. 따라서 관계를 제대로 아는 것이 우리

모두에게 중요해졌다. 관계의 문제, 사랑의 본질에 직면하지 않으면 힘든 인생을 살게 되기 때문이다.

중요한 진실은, 관계 해법은 갈등을 다루는 우리의 태도에 달려 있다는 것이다. 타인에 대한 깊은 이해를 바탕으로 나를 바라보고 갈등을 다루는 사람만이 좋은 관계를 꾸려나갈 수 있다.

결혼생활은 가치관과 행동, 경험과 취향이 다른 두 사람이 만나 살아가는 일이다. 직업, 주택 문제, 아이 양육, 소소한 집안일과 여가생활, 취향 문제 등 많은 선택 앞에서 갈등은 피할 수 없다. 더욱이 시어머니, 외도 같은 이질적인 관계가 둘 사이에 끼어들 때 문제는 복잡해진다. 따라서 둘의 관계를 확립하는 것이 중요하다. 관계의 기초를 이루는 것은 오랜 '신뢰'와 정서적 '유대감'이어야 하며, 상대에 대한 편견을 '이해'로 바꾸는 노력만이 관계를 완성시킨다. 부부관계는 '이해의 공동체'이다. 이는 서서히 만들어지며 오랜 시간이 걸린다.

우리는 관계를 정확히 이해해야 한다. 우리의 파트너 선택 기준은 자신의 '필요' 혹은 '이득'이다. 이런 사실을 부정하기 힘들다. 멋진 애인에게 사랑받으면 자신이 더 빛날 거라는 생각, 우리의 사랑은 영원할 거라는 환상, 나만이 그의(그녀의) 유일한 여자(또는 남자)라는 착각, 파트너가 자신의 기대와 욕구를 충족시켜 줄 거라는 바람 등. 이런 일들은 허영이 만들어낸 헛된 욕망들이다. 외적인 것에서, 타인에게서 나의 행복을 찾으려는 욕망은 결국 행복을 더 멀리 쫓아낼 뿐이다.

상대가 자신의 기대나 욕구에 부응하지 못하는 순간, 자신의 필요에 부합하지 못하는 순간, 상대는 사랑의 대상에서 미움의 대상으로 바뀌며, 이내 갈등과 다툼으로 이어진다. 이는 내면 깊숙이 자리 잡은 이기심이 만들어내는 사랑의 어두운 그림자이다. 그러므로 파트너의 실제 모습을 있는 그대로 보고 만족할 수 있어야 진정한 사랑이다. 또한 그것이 오래 유지될 수 있는 관계의 비결이기도 하다.

현실을 있는 그대로 보고 '사랑'을 제대로 보존하기 위해서는 어떤 것이 필요할까? 사랑을 제대로 하기 위해서는 자신을 너무 높게 평가하지 말고, 자신의 허영심과 거리를 둬야 한다. 상대방을 지나치게 높이거나 관계에 대한 허상을 덧씌우지만 않는다면 상대방은 환히 드러나는 법이다.

"남편이 바뀌어야 돼"."아내가 바뀌어야 제대로 살 수 있어". 이런 생각도 관계를 위태롭게 한다. 바뀔 것이란 기대를 포기하고 사는 게 더 유익하다. 그리고 "어쨌든, 그럼에도 불구하고, 난 그를(그녀를) 사랑해"라는 생각은 관계에 빛을 비춘다.

부부 및 연인 관계는 함께 일궈내는 세계가 얼마나 흠 없이 유지되는가에 달려 있다. 이 세계가 계속 위협을 받기 때문이다. 의견 차이와 충돌, 질병, 성적 갈등, 외도, 예기치 않은 사건 등 갖은 어려움 속에서도 흔들리지 않는 단단함은 둘이 일궈낸 '내면 이해

작업', 즉 '관계의 기초'에서 나온다.

이 책은 부부관계에서 일어나는 많은 문제들, 즉 용서와 화해, 갈등과 다툼, 외도, 편견, 일상생활, 성생활, 나이 듦과 질병, 사별, 병든 부모 모시기, 노후 등 부부 인생과 갈등 문제를 다룬다. 여기에 등장하는 많은 커플들의 이야기는 바로 우리가 직면하고 있거나 앞으로 직면할 문제이기도 하다.

오랫동안 부부나 커플들을 상담하면서 내가 늘 흥미롭게 지켜본 점은 커플들의 일상이나 관계가 나이 들면서 계속 변한다는 것이다. 360도 달라지는 부부도 있다. 매우 터프하고 내게만 올인하는 남자에 끌려 결혼했지만 나이 들면서 이런 기질에 진저리 치는 아내도 있다. 너무도 싫었던 아내의 거친 생활력이 자신을 단단하게 만든 동력이었다는 사실을 깨닫게 되는 남자도 있다. 아주 건강했던 남편이나 아내가 휠체어 신세를 진다면? 이런 두려운 변화 앞에서 부부의 행복을 지켜낼 수 있을까? 부부에게 닥치는 삶의 변화들은 관계를 역전시키고 우리의 일상을 완전히 바꾸어버릴 수도 있다. 그래서 관계를 단련시키는 것이 중요하다.

"함께 행복하게 늙어가자." 젊은 날에 했던 이런 약속은 정말 지켜지기 힘들다. 하지만 불행한 상황, 예기치 않은 사고, 배우자의 외도와 질병 등 갈등과 변화된 상황을 삶의 한 과정으로 인식하고 부부의 가능성을 발견하려는 노력은 오늘날 부부들에게 필요한 삶의 지혜이다.

—
contents

나는 상대에 대해 완전히 알게 될 때
진정으로 사랑에 빠질 수 있다고 생각해.
그 사람이 어떻게 가르마를 타는지,
이런 날엔 어떤 셔츠를 입는지,
이런 상황에선 정확히 어떤 얘기를 할지 알게 되면
그제야 비로소 그 사람을 사랑하게 되는 것 같거든.
나는 사랑이란 건 혼자가 되는 방법을 모르는 사람들을 위한
탈출구라고 생각해.
우리가 살아가면서 하는 모든 일은 좀더 사랑받기 위해서가 아닐까?
—

영화 〈비포 선라이즈〉 중에서

1

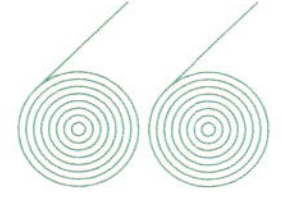

당신, 아직도
나
사랑해?

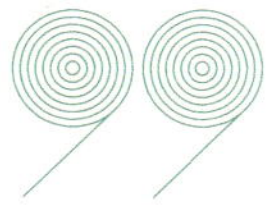

부부에게 '사랑'이란
무엇인가?

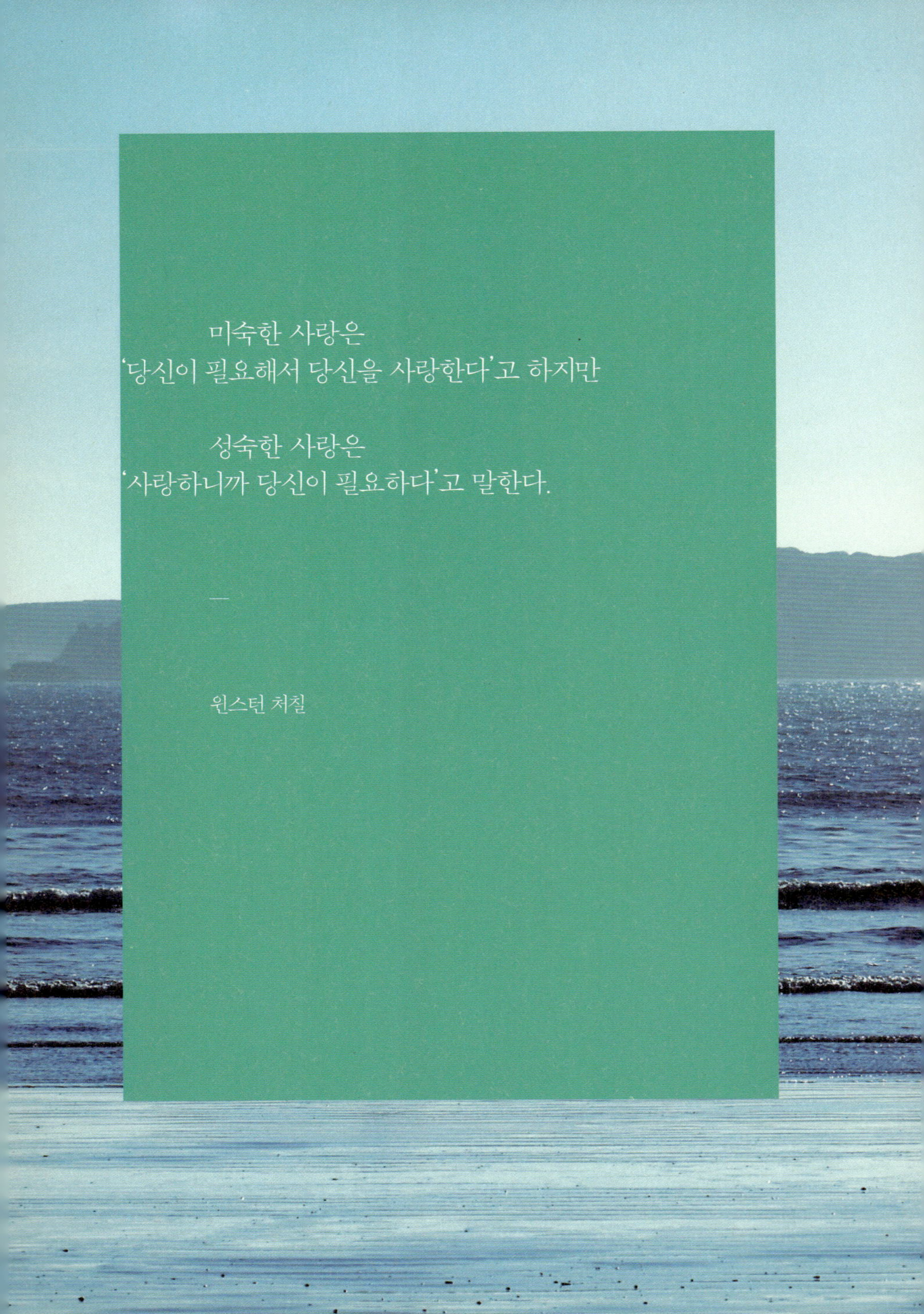

미숙한 사랑은
'당신이 필요해서 당신을 사랑한다'고 하지만

성숙한 사랑은
'사랑하니까 당신이 필요하다'고 말한다.

—

윈스턴 처칠

함께 사는 부부에게
사랑이란?

함께 사는 부부에게 '사랑'이란 어떤 의미일까?

이처럼 답하기 어려운 문제도 없을 것이다. 들끓는 사랑도 오래전에 끝나고 성욕이 왕성했던 시기도 지나갔다. 젊을 때처럼 파트너의 매력에 푹 빠지지 않는다는 사실은 당연해 보인다. 예외도 있을 것이다. 이런 문제에 대해 살펴보자.

나는 오래 산 부부들에게 언제 사랑의 감정이 느껴지냐고 물어보았다.

"가끔 볼 일을 보고 집에 오면 아내가 환한 미소로 나를 반겨요. 이럴 땐 연애시절로 돌아간 것처럼 아내를 바라보죠. 우린 떨어질 수 없는 커플이라는 느낌이 들거든요. 그럴 때 아내를 사랑해요. 전에는 그렇지 않았어요. 아내가 친구도 술도 끊으라 하고, 자식들과 시간을 좀 보내라는 등 잔소리를 해대면 아내가 부담스럽고 싫었죠. 아내를 사랑하는 느낌을 한동안 잃어버리고 살았어요. 감성은 사그라지고 내 눈앞엔 고집쟁이 마누라만 보였으니까요. 이런 느낌들로 오락가락했어요. 하지만 이젠 아내가 저한테 집착한다 해도 세상의 어떤 여자와도 바꾸고 싶지 않아요."

그렇다면 아내의 생각은 어떨까?

"나도 남편을 사랑한다고 말할 수 있을 것 같아요. 그런데 그 사랑이란 게 뭘까요? 가끔 자고 있는 남편을 가만히 들여다봐요. 마음이 찡하죠. 평생 같이 살아야 한다는 걸 느껴요. 우린 여러 번 깨질 뻔했는데, 같이 버텨냈어요. 그러곤 좋아지던걸요. 그이는 집에 거의 없었고, 어쩌다 집에 있기라도 하는 날이면 신경질적이고 불만이 많았어요. 사업도 안 풀리고 아이들은 시끄럽고…… 정말 힘든 시기였어요. 도대체 남편에 대한 좋은 감정이라곤 눈곱만큼도 없었고, 남편을 위해 어떤 노력도 하지 않았어요. 그런데 힘든 시간을 보내고 나니까 많은 것들이 풀리고 옛날보다는 걱정 없이 앞날을 바라보게 되었어요. 이제야 우리 신혼 시절이 얼마나 좋았는지 다시 기억하게 되더군요. '우린 하나야'라는 느낌이 다시 왔지요. 그런 느낌이 사랑이라고 봐요. '우리는 떨어질 수 없다', 뭐 그런 느낌이요."

젊은 날의 사랑은 빛바랜 추억일 뿐일까?

다른 의뢰인의 사례를 보자. 남편이 하도 못되게 굴어서 한 달이나 집을 나가 친구 집에서 지낸 부인이 있었다. 아들은 가출에,

폭력에, 큰 사고를 치고는 고등학교 졸업시험까지 거부했다. 남편은 애들 문제를 그녀 탓으로 돌리고 책임을 회피했다. 정말 끔찍하게 남편과 싸웠다. 당시 그녀가 마음속으로 했던 악담이 아직도 생각난다고 한다. '내가 예전에 사랑했던 그 인간이 아니야. 그 사람은 이제 없어. 남편은 예전에 알았던 부드러운 그 남자가 더 이상 아니야.'

그런데 남편이 친구한테 달려가서는 아내가 집을 나가서 너무 괴롭다며 눈물을 흘렸다고 한다. 남편은 오랜만에 마음을 열고 아주 솔직해져서 아내에 대한 연민과 그리움을 토로했다. 그 말을 듣자 아내는 예전의 그 젊은 남자를 다시 떠올렸다고 말했다. 그리고 이런 느낌이 남편한테서 사라지지 않았다. 지금 그녀는 사랑이 무엇인지 알 것 같다며, 남편도 그녀를 사랑한다는 느낌을 갖고 있다고 말했다.

"우리에게 다시 찾아온 믿음이 사라지지 않았어요. 그 뒤에는 싸워도 좀 다르게 싸웠어요."

부부는 저마다 다른 사랑 이야기를 간직하고 있다. 같이 겪었던 과거의 추억(그것이 좋든 나쁘든), 난 그에게(그녀에게) 가장 중요한 사람이라는 느낌, 상대에 대한 갈망, 그 어떤 일이 닥쳐도 함께 살리라는 확신 등이다. 왜 서로 사랑하게 되었는지, 서로 호감을 갖게 되었는지 말하는 것은 어렵고 그 이유를 대기도 힘들다. 어릴 때 가졌던 파트너에 대한 환상과 착각이 나이 들어도 지속되는 경우가 있기 때문이다. 이는 어떤 부부들에게는 아주 중요한 문제이다.

마티스는 '사랑'이라는 말을 듣고 무언가를 연상하려면 확신이 없다.

"네, 사랑이라는 말은 아내 린다에게 해당되는 말일 거예요. 그녀는 나의 사랑을 쟁취했으까 그렇게 표현할 수 있어요. 나는 총각 때 관계나 결혼 같은 것에 얽매이고 싶지 않았어요. 그저 예쁘고 재미있는 여자와 신나게 놀고 싶었던 거죠. 린다가 전화를 해오면 속으로 이렇게 외쳤어요. '네가 나한테 걸려들었군!' 그러곤 시간 없다는 핑계로 튕겼어요. 내가 보고 싶을 때만 그녀를 보고 싶었던 거죠.

그때가 20대 초반이었어요. 린다는 두 살 더 많았고요. 그게 중요한 역할을 했어요. 린다는 끈질겼거든요. 린다의 이 점을 이해하기 힘들어요. 내가 쉬운 타입이 전혀 아니었으니까요. 그런데 린다는 친절하게 끈질겼고, 자기가 나를 사랑하고 있으며 내가 사랑할 때까지 기다리겠다고 줄기차게 구애했어요. 이런 게 어쩐지 나를 매혹시켰어요.

그러곤 한동안 시간이 흘렀어요. 린다는 변함이 없었고, 내가 그녀를 사랑하게 될 거라고 말하곤 했지요. 하지만 모르겠더라고요. 뒤돌아보면 내가 얼마나 바보였던지! 내가 그녀에게 끌렸다는 건 확실해요. 왜냐하면 그녀는 자신이 뭘 원하는지 늘 알고 있었고, 또 그렇게 행동했기 때문이죠. 이런 느낌이 여러 번 있었어요.

그러던 어느 날 내 친구 놈이 그녀에게 청혼을 한 거예요. 린다를 계속 초대하고, 정말 그 녀석은 그녀에게 빠져 있었어요. 그때 린다가 내게 와서 말하더군요. 자기는 나를 여전히 사랑하지만 최근엔 가끔 흔들린다고. 지금도 눈에 선해요. 빨간 수영복을 입고 서 있는 그녀는 정말 예뻤거든요. 그리고 진지했어요.

그때 우리는 수영 대회에 참가했는데, 우리만 수영장에 있었고, 다른 사람들은 포장마차에 가 있었어요. 그때 난 알았어요. 사랑한다는 게 뭔지. 이 장면은 다시는 나를 떠나지 않았어요. 나와 그녀를 묶어주는 것, 그건 든든한 토대였어요. 나의 할 일이란 다만 이 토대를 지키는 데 미약하나마 함께 있으면 된다는 것. 그렇게만 해도 우리 사이에 그 어떤 것도 끼어들 수 없다는 것, 그걸 깨달았어요. 언제나 그녀는 내 편이고 나를 지켜줄 거라는 느낌, 이 느낌이 사랑이라고 생각해요."

우리의 파트너 선택 기준은
필요 또는 이득

한네는 어떨까? 남편에 대한 사랑을 지키기 위해 가장 중요한 것이 무엇이었는지 그녀는 내게 말했다.

"스벤을 처음 봤을 때 그는 아이디어 뱅크였어요. 그는 팔방미
인이었지요. 그림을 그리고 음악을 만들고, 예술적 소질이 뛰어났
어요. 몇 가지 작은 기구들도 발명하고. 대학에서 예술사 전공 최
우수 학생으로 뽑혀 담당교수한테서 박사과정을 밟으라는 권유
를 계속 받았어요. 남편의 이런 면을 나는 굉장히 크게 받아들였
어요. 나 스스로를 '천재의 여자'라고 생각했지요. 지금 생각하면

우스워요.

　결혼하고 문제가 많이 생겼어요. 그이는 회사 사장하고 늘 갈등을 일으켰어요. 처음엔 직장에 적응 못 하는 이유가 속물 인간들의 남편에 대한 몰이해 때문이라고 생각했어요. 천재들이란 으레 그런 법이야, 이러면서요. 그러다가 남편이 독립해서 일을 했어요. 솔직히 어떤 일을 했는지도 잘 몰라요. 돈도 제대로 못 벌었어요.

　그 이후에 그이가 프리랜스 음악가로 정착한 시기가 있었는데, 그때부터 남편한테 비판적이 되더라구요. 나는 남편을 다른 사람들과 비교하기 시작했어요. 음…… 나도 듣는 귀가 있었으니까. 남편의 작품에 대한 평가가 늘 좋지만은 않았거든요. 그이를 경멸하던 시기가 있었어요. 그런 느낌을 어떻게 표현해야 할지 모르겠네요. 남편을 많이 사랑할 때 가졌던 그이에 대한 평가와 생각이 너무 달라져서……. 그이는 세상에서 인정받지 못하는 '폐품 천재'가 되어버렸어요. 나는 그이를 더는 천재로 생각하지 않았고, 직장생활에 적응 못 하는 무능력하고 안일한 사람일 뿐이라고 깎아내렸죠.

　나는 그를 폄하하고 조롱했어요. 자상한 아빠이긴 했지만, 아빠라는 점을 뭐 특별한 거라고는 생각하지 않았으니까요. 일상생활에서 남편은 늘 신선한 아이디어를 내고, 다른 사람들과의 관계도 매우 원만하고, 우리 가족에게도 좋은 아빠였지만, 나는 전혀 인정하지 않았어요.

그런데 내가 암이라는 중병에 걸리면서 모든 게 달라졌어요. 말을 이어갈 수가 없네요. 울음이 터질 것 같아서요. 그이는 내게 정말 너무나 큰 도움을 주었어요. 그가 내 목숨을 구했다고 해도 과장은 아니에요. 그이가 나의 죽음을 무서워하고 있었다는 걸 느낄 수 있었어요. 그래도 그는 늘 미래에 대해 낙관적이었고, 나를 사랑해주고 위로해주었어요. 우린 모든 두려움을 같이 나누었어요.

그 뒤로 '천재의 아내'라는 생각과 이별했어요. 그런 게 전혀 중요하지 않았으니까요. 여전히 그는 내면적으로 풍요로운 사람이고, 항상 새로운 것을 시도하고, 재능이 많고, 그렇지만 한계 역시 있다는 것을 이젠 알아요. 그의 놀라운 생명력, 아이디어, 사랑스러움, 이 모든 것을 나는 인정할 수 있어요. 솔직히 말하면, 남편을 천재로 본 것도 사실 내 허영심 때문이었어요. 나중에 회고록 같은 데 언급되는 '천재의 아내' 운운하는 그런 것들이요…… 얼마나 바보 같은 생각이었는지!"

한네의 이야기는 커플 관계에서 흔히 작동하는 중요한 측면을 말하고 있다. 그것은 자기에게 이익이 될 만한 환상적인 가치를 상대방에게 씌우는 것이다. '천재'나 '완벽하게 흠 없는 사람'에게 사랑을 받으면 자신이 더 빛날 거라는 허영심. 그래서 자신의 배우자를 과장해서 부풀려 말하는 것이다. 이런 종류의 환상은 얼마든지 더 있다. 이 같은 환상을 꿰뚫어보고 극복하는 것이 결혼생활에 필요한 중요한 기술이다. 그래야 파트너의 본래 가치를 보고, 있는 그대로 사랑하고 만족할 수 있기 때문이다.

파트너에 대한 환상을 걷어내야 진정한 사랑이 가능하다

현실을 있는 그대로 보고 올바른 사랑을 하기 위해서는 자신을 너무 높게 평가하지 말고, 자신의 허영심과 거리를 둬야 한다. 상대방을 지나치게 높이거나 광채를 씌우지만 않는다면 상대방은 환히 드러나는 법이다. 그리고 '그럼에도 불구하고 난 그를 사랑해'라는 믿음은 우리에게 충만한 사랑의 느낌을 준다.

제3자가 둘의 사랑에 끼어들 경우, 내가 파트너에게 '가장 중요한 사람'이라는 믿음은 깨진다. 그동안 쌓아왔던 파트너에 대한 환상을 버리기가 힘들어진다. 고통의 정도는 자신이 내면에 갖고 있던 자의식에 따라 달라지며, 기본적인 마음 상태와도 관계 있다. 파트너의 외도나 부정이 어느 정도였는지에 따라, 파트너가 '아주 멀리' 갔는지, 아니면 '살짝' 일탈한 것인지에 따라, '사랑'에 대한 확신 정도는 달라진다. 파트너가 아주 멀리 갔다면 그 굴욕감은 잊기 힘들다. '누구도 그의 인생에서 나를 대신할 수 없어. 그의 인생에서 난 제일 중요해'라는 환상이 영원히 파괴될 것이므로.

파트너가 제자리로 돌아온다면 상처받았다고 해서 사랑을 죽일 필요까지는 없다. 그러나 사랑을 조심하게 될 것이다. 흔히 부정을 저지른 '범인들'(남자든 여자든)은 조심해야 되는 상황을 명확히 깨닫지 못하는 경우가 많다. 일탈을 하고 돌아와서는 그 사이에 벌어진 틈을 알아채지 못한다. 따라서 관계에 생긴 이런 틈새를 알아차리고 또한 극복해야 한다. 상처받은 사람들에게 자신이 언제나 '가장 중요한 사람'이 아닐 수 있음을 깨닫는 것은 종종 아픔을 치유하는 교훈이 된다.

오랫동안 행복한 가정을 꾸려온 부부들은 파트너 없는 삶은 상상할 수 없다고 말한다. 모든 어려움에도 불구하고, 바로 그렇게 같이 어려움을 겪었기 때문에 오직 '이 사람만을' 생각할 수 있다는 것이다. 이런 생각도 물론 환상이다. 그러나 이 점에 대해 너무 깊이 생각하지는 말아야 한다.

자서전을 쓸 때는 안 좋은 일은 덮어두고, 어떤 일은 남과 다르게 해석해보기도 하며, 남과 다르게 써보기도 한다. '사랑의 자서전'을 쓸 때도 마찬가지다. 부부관계에서 안 좋았던 일들도 다양한 관점에서 고찰이 가능하다. 망각이 결코 용서와 같지는 않지만, 망각이 저절로 용서로 바뀌는 경우도 있다. 과거와 다른 해석, 과거와는 다른 깨달음에 이르게 되면서 자연스럽게 용서가 되는 것이다. 용서와 망각과 다른 해석 사이에 존재하는 이런 미묘한 차이를 이해하고 받아들이는 부부는 아마도 사랑으로 연결된 부부일 것이다. 그러나 서로 여전히 함께 즐거워할 수 있다는 것은 아마도 가장 중요한 사랑의 요소들 중의 하나일 것이다.

"난 그이를 머리부터 발끝까지 다 알아." 여자들이 종종 하는 말이다. 이 말이 내게는 사랑의 반대말처럼 들린다. 이 말 속에는 자기의 틀로 상대를 바라보고 자기만이 옳다고 믿는 독선이 들어 있다. 또한 자신의 방식대로 관계의 해법을 찾게 만든다. 사실, 상대를 제대로 안다는 것은 불가능하다.

자신의 파트너를 '완전히' 알 수 없다는 것, 사랑의 관계에서는 언제나 알 수 없는 놀라운 일들이 일어날 수 있음을 인정하는 것이 바로 '사랑의 기초 지식'이다. 그리고 그것이 또한 결코 그 깊이까지 들어가기 힘든 '사랑의 비밀'이기도 하다.

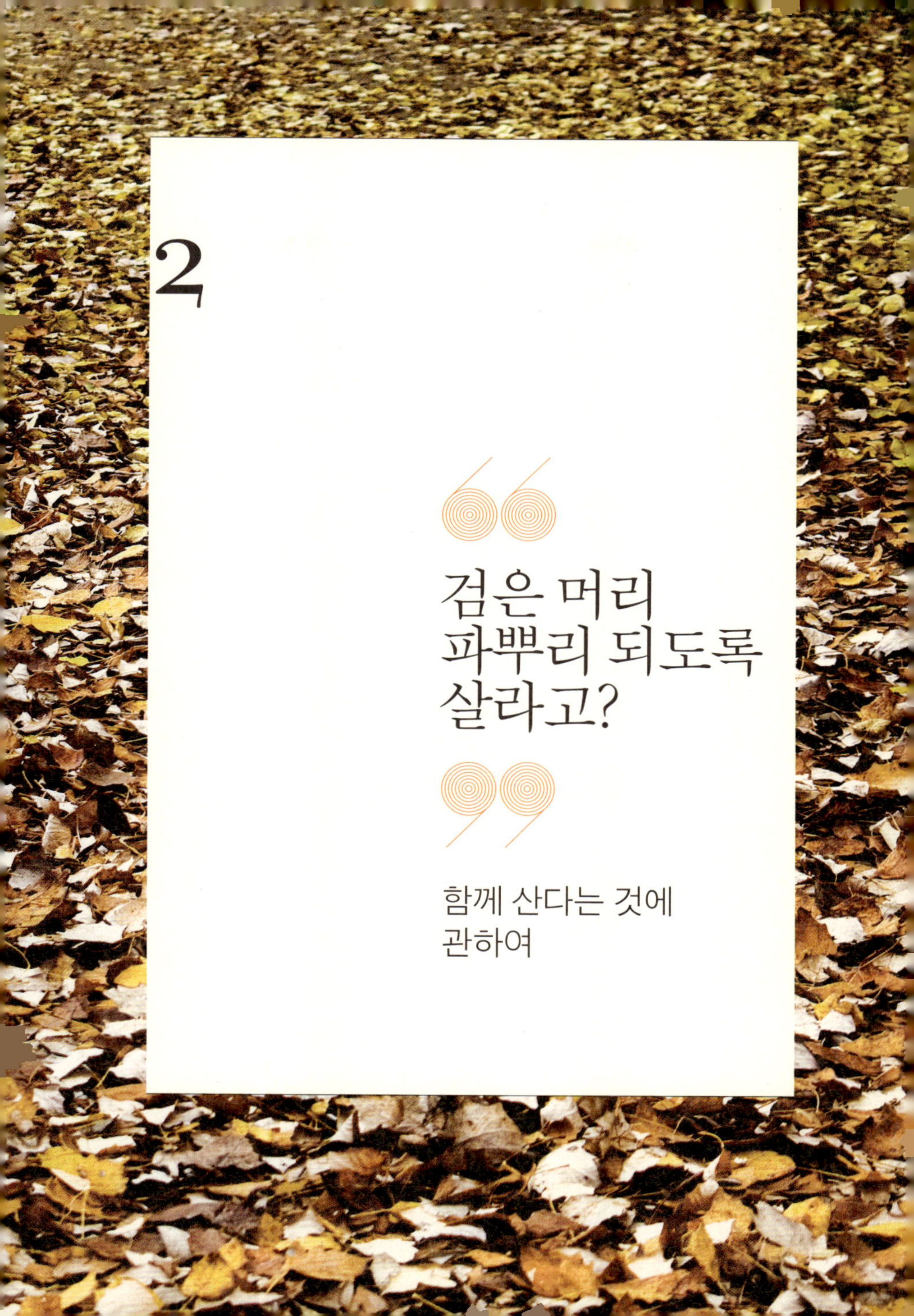

2

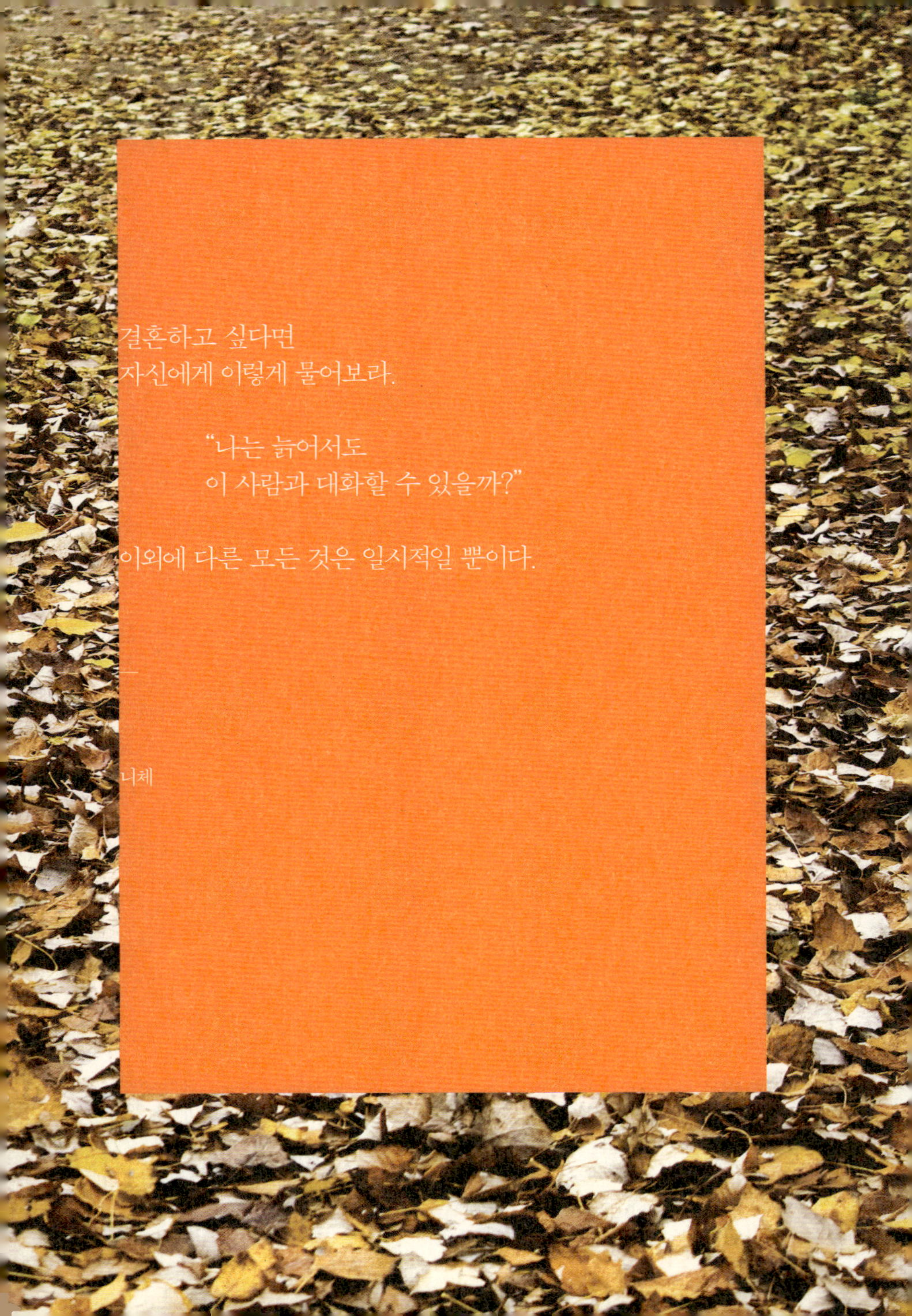

결혼하고 싶다면
자신에게 이렇게 물어보라.

　　"나는 늙어서도
　　이 사람과 대화할 수 있을까?"

이외에 다른 모든 것은 일시적일 뿐이다.

니체

사랑은 둘만의 세계를 만드는 것

　사회학자인 페터 베르거와 토마스 루크만은 그들의 책《현실의 사회적 구성(The Social Construction of Reality)》에서 사람들이 현실을 어떻게 만들고 구성하는지를 이야기했다. 베르거와 루크만은 사람들이 인생에서 벌어진 사건들을 대화를 통해 생생하게 표현하는데, 판단하고, 평가하고, 핵심을 끄집어내고, 중요한 의미와 기호를 덧붙이면서까지 사건을 만들어낸다고 보았다. 예컨대, 똑같은 사건을 경험한다 해도 사람마다 다르게 해석하고, 다르게 받아들이는 것이다.

　사람들이 의견을 나누는 수단은 주로 '대화'지만 다른 표현도 가능하다. 째려보거나 놀란 눈을 하거나 근심 걱정으로 얼굴을 찡그릴 수도 있다. 이런 신호나 기호로 일종의 대화를 나눈다. 이를 통해 특정 사건에 의미가 부여되고, 곧 '함께하는 세계'가 만들어지며, '공통 체험'이 형성된다. 객관적으로 일어난 사실을 함께 공유하고 살며, 그것이 먼 훗날 다시 불러일으켜지는 '공통 체험'이 된다. 함께했던 공통 체험의 총합이 내면에 공통의 체험 공간을 만드는데, 이 공간에서 서로의 내면을 연결시키는 고리가 만들어진다. 이는 부부뿐만 아니라 친구, 직장동료, 옛 동창들도 마찬가지이다.

베르거와 루크만은 이를 '파티 후의 대화'로 설명한다. 부부들의 파티 후일담에서 여러 가지가 금세 드러난다는 것이다. 예로, M부인의 말이 무슨 의미였는지, L씨의 너무 젊은 옷차림이 과한 건 아닌지, K씨의 자녀들이 너무 순진한 것은 아닌지 등등. 각 부부들의 평가가 똑같을 수는 없지만, 여러 가지를 판단할 수 있는 공통분모가 만들어진다. 어떤 부부는 남의 옷차림을 주로 평가하는 데 비해, 다른 부부는 사람들의 대화 방식에 주목하거나 얼마나 많이 먹고 마셨는지를 두고 이야기한다.

부부는 이러한 공통분모를 발전시키며 다른 사람과 자신들을 구분한다. 둘의 내면에서 그들만의 독자적인 세계가 만들어지는 것이다. 말이 필요 없고 슬쩍 암시만 줘도 통하는 그런 세계이다. "여보, 오늘 리제가 또 살판났어." 이 간단한 문장은 리제가 열광적인 채식주의자인데, 그녀의 주장을 들어주느라 허비한 시간들이 엄청 짜증스러웠음을 말해주기도 한다.

이 같은 공통분모로 이들 부부의 세계를 들여다보면 부부의 삶이 보인다. 둘 중 하나가 우세한가도 여기에서 드러난다. 한 사람의 강한 영향력으로 유지되는 커플이 있는가 하면, 모든 일에서 함께 이야기를 나누며 늘 다양하고 새롭게 서로의 생각을 수정해가는 커플도 있다.

토마스와 안젤리카는 바로 그런 부부다. 이들은 서로 대화를 나누고 함께 행동하면서 일상을 새롭게 만들어간다. 시골에서 약

부부는 자신들만의 내면에서 '함께하는 세계'를
만들어낸다. 이는 말이 필요 없고 슬쩍 암시만 줘도 통하는
그런 세계이다.
'여보, 커피 한잔 어때?…'

사로 함께 일하는 그들은 여러 가지 면에서 일심동체다. 무엇보다 끊임없이 대화를 한다는 면에서 그렇다. 안젤리카는 내게 이런 말을 했다. 자신이 경험한 일을 남편과 이야기하는 일이 즐겁다고. 직장 일이나 사생활에 관한 일이나 남편이 어떤 의견을 내놓을지가 흥미롭고 기대된다는 것이다. 이런 부부생활이 서로에 대한 사랑에도 도움이 되리라는 점은 짐작하고도 남는다.

관계란
깨지기 쉬운 유리 같은 것

하인츠와 이레네는 이상적인 커플은 아니다. 그들은 많은 문제를 안고 있었고, 지금도 그렇다. 다른 애인이 있었고, 바람을 폈고, 자기만의 비밀이 있었다. 나이가 든 후에도 이런 문제들이 계속 관계를 갉아 먹고 있었다. 그렇지만 함께 대화하는 것이 여전히 '재미있다'고 말한다. 각자가 본 것을 상대방에게 이야기하고, 상대의 동기를 이해하려 하고, 사회적 관심을 나누고……. 아무튼 둘이 화목할 때는 이야기하는 것이 서로에게 호감을 준다는 것이다.

남편이 벌인 뜨거운 연애로 둘의 관계가 심각해지자 헤어질 지경에 이르렀다. 헤어지지 못한 이유에 대해 이레네는 다음과 같이 털어놓았다. 서로의 심경을 교환한, 마지막이 될 뻔한 여행에서였다.

　"우리는 호텔 테라스에 앉아 있었어요. 앞으로 인생을 어떻게 살아가야 할지 서로 조용히 이야기했어요. 헤어져도 원수처럼 그러지는 말자고요. 여느 때처럼 이런 계획을 겉핥기 식이 아니라, 구체적으로 이야기했어요. 서로 무엇을 가장 그리워하게 될지, 상실감을 극복하려면 어떤 일상의 전략이 필요할지 등등요. 이런 이야기를 하는데 눈물이 나더군요. 근데 하인츠도 울고 있는 거예요. 그가 '우리가 미친 걸까?' 하고 물었어요. 나는 그가 무슨 말을 하는 건지 금방 알아챘지요. 우리는 다른 누구와 이야기를 나눌 수 없는 사람들이라는 걸 분명하게 알았어요. 우리 두 사람은 하나로 엮인 아주 끈끈한 존재였던 거예요. 함께한 세월뿐만이 아니라, 끊임없이 나누었던 우리의 대화로 말이에요."

　오늘까지 이 부부는 함께 살고 있다.

　이레네의 이야기가 모든 부부가 늘 대화를 하는 것인 양 들리게 할지도 모르겠다. 물론 그렇지 않다. 어떤 부부는 대화 없이 산다. 하지만 이런 부부들도 어떤 일을 논할 때는 같은 의견을 보인다. 대화가 없다고 해서 공통분모가 없다고 말할 수는 없는 것이다. 모두 자기들만의 방식을 갖고 살아간다.

　예컨대, 레오니와 루돌프는 사람들을 평가하는 절대적인 기준이 있다. 그건 바로 '고리타분'이라는 말이다. 모든 것이 이 말로 평가된다. 누군가의 옷, 집, 생각과 취미 등에 '고리타분'이 붙는다.

이 말은 두 사람을 엮어주는 분명한 징표다. 왜, 누구에게 이런 딱지를 붙이는지, 다른 사람들은 알 길이 없다. 하지만 레오니와 루돌프는 누가 고리타분하고 누구는 아닌지 의견이 일치한다. 둘은 서로에게 불만은 많지만, 이 말로 하나가 된다.

대부분의 커플이 갖는 공통점은 세월을 함께하면서 같은 세계를 구축해간다는 것이다. 그렇지만 이런 특징을 분명히 느끼지는 못한다. 두 사람이 비슷한 생각을 하고 비슷하게 느낀다기보다 서로 내밀하게 '감지한다'는 것이 더 정확한 표현일 게다.

함께 공유하는 잣대가 있는데 다른 잣대가 끼어들면 부부관계가 끝나거나 지루해질 수도 있다. 코리나는 남편이 맺고 있는 친구관계나 동료관계가 "지적으로 꽝"이라고 말했고, 이 말이 부부관계를 끝장나게 했다. 남편 하네스가 이런 아내의 말을 전적으로 부인하지 않았는데도 말이다.

하네스는 카드게임을 즐겼고, 포커는 친구들과 함께하는 그의 대표적인 취미였다. 여가시간에는 머리를 쉬게 하고 싶었다는 게 그의 말이다. 공연 같은 문화생활을 즐겼던 코리나는 남편의 취미가 저급하다고 느꼈다. 두 사람의 삶에서 공통점은 점점 없어지고, 결혼생활은 식었으며, 하네스는 친구들을 더는 집으로 데려오지 않게 되었다. 결국 두 사람은 헤어졌다.

대화는
공통의 세계를 만든다

　물론 공통의 세계를 만드는 것이 '대화'만은 아니다. 그것은 친구, 공통 관심사, 그리고 집안일일 수도 있다. 하지만 부부가 친구나 관심사를 함께 공유하려면 생각과 견해가 비슷하거나 적어도 이런 것들을 나눌 수 있어야 한다. 공통의 세계를 만들지 못하고 차이점들이 많아지면 결국 균열을 일으켜 관계는 끝난다.

　알버트와 코니가 그랬다. 그들은 결혼 초에 공통점을 많이 잃었다. 알버트가 말했다. "아내의 친구들은 지루해." 알버트가 음악가였기에 다른 외적인 일은 코니가 맡았다. 알버트는 친구들에게 거의 무심했고 코니는 점점 친구관계에만 기댔다. 남편은 직업에만 파묻혔다. 두 사람이 같은 친구들과 함께 어울리는 데에는 오랜 세월이 걸렸다. 관심사를 나누는 것도 어려웠다.

　중년이 되자 알버트는 아내를 많이 괴롭혔다. "난 당신과 정신적으로 공통점이 없어"라며 외도를 합리화했다. 알버트는 수많은 연애가 실패하자 무엇이 자신과 아내를 연결시키는지를 깨달았다. 애인들과의 관계는 아내와의 관계처럼 공통 세계가 없었던 것이다. 이제 알버트와 코니는 서로를 발견하고 진정으로 공통점을 만들려고 노력하는 커플이 되었다.

부부관계는 함께 일궈낸 세계가 얼마나 흠 없이
유지되는가에 달려 있다.
이 세계가 계속 위협을 받기 때문이다.

코니는 작은 대행사를 차렸다. 그래서 늘 새로운 계약이 필요한 남편을 도울 수 있었다. 그녀는 콘서트마다 남편을 따라다니고 인맥을 주선하는 일에 꽤 유능하다. 남편의 동료는 그의 전담 매니저가 되어달라고 부탁할 정도다. 알버트와 코니는 이제 충분히 공통점들을 공유하고 함께하는 일에 대해 이야기를 많이 나눈다. 대화는 이들에게 없어서는 안 될 공통분모가 되었다.

'공통의 세계'란 그러니까 경험, 평가, 친구, 가족 그리고 집과 환경의 공유 또는 공감이다.

부부관계는 이처럼 함께 '일궈낸' 세계가 얼마나 흠 없이 유지되는가에 달려 있다. 이 세계가 종종 위협을 받기 때문이다. 이 세계가 부분적으로 없어질 수도 있다.

더 이상 둘의 관계가 움직이지 않고 경직될 때 함께 이룩한 세계는 위협을 받는다. 둘 사이의 균형이 깨질 때도 위협을 받는다. '대화'는 함께하는 세계를 시들지 않게 해주는 윤활유 같은 것이다. 그리고 두 사람이 둘만의 세계에 갇혀, 말하자면, 단지 자신들의 잣대가 통하는 세계에서만 살면 지루함이 스며든다.

커플(이는 친구관계일 수도 있다)이 공통 세계를 만들어내려고 노력하는 것은 참 멋진 일일 수 있다. 그러나 오랫동안 아무것도 바뀌지 않을 때 낡고 무의미한 공통분모는 커플의 생활을 재미없고 불만스럽게 만든다. 이럴 경우 노년기가 더 힘들어진다. "말할 게 또 있어? 어머니가 힘든 성격이란 건 다 아는 얘기잖아?" "내가 철들지 않을 거라는 거 몰라?" 이런 식이 되어버린다.

두 사람이 함께하는 세계는 함께 '일구어낸' 것이다. 이 말의 의미는 언제나 새로운 긴장이 만들어지는 종결되지 않는 프로젝트라는 것이다.

남편의 병으로 역전된 관계

한쪽이 우세하다 해도 조화로운 부부생활이 지속될 수 있다. 오로지 한쪽이 관계를 지배한다는 사실이 다소 놀랍긴 하지만, 이런 부부도 좋은 관계를 유지할 수 있다. 그러나 전세가 역전되면 고통이 따른다! 이런 일은 노년에 자주 발생한다.

그레테와 아민은 모범 부부였다. 그레테는 유명하다고 할 수는 없지만 여러 전시회에서 호평을 받은 여류 화가였다. 회사 임원이었던 아민은 영리하고 군림하는 타입이다. 이 부부는 인기 있는 커플이다. 아민은 사회 문화에 해박해서 흥미로운 대화를 나눌 수 있었다. 그레테는 남편의 생각에 거의 동감했고, 그렇지 않을 때는 (가끔 반박하려는 마음이 들 때도 있었지만) 이내 설득 당하곤 했다. 또한 아민은 인생을 정서적으로 공감하며 살아가는 아내의 기질을 좋아했다. 하지만 아내의 정서적인 시각이 그런 시각 때문에 깨질 수도 있다고 생각했다. 그레테는 남편의 이런 생각을 인정하기도 했다.

그러다가 부부의 판세가 달라졌다. 아민은 뇌경색을 앓게 되었고 점점 신체적 능력을 잃어갔다. 운전도 어려워지고 혼자 나가는 것도 위험했으며, 친구들을 만날 수도 있었지만 말이 어눌해져 그러지 못했다. 부부는 외로워졌다. 온화하고 사랑스러웠던 그레테는 혼자 남겨진 것 같았다. 육체적으로 건강한 그녀는 무력해졌다. 남편은 예전의 남편이 아니었다. 정신적으로도 남편의 에너지는 바닥인 것처럼 보였다. "우린 벌써 서로 지루해하고 다투는 늙은이들이 된 것 같아요" 하고 아민은 말했다. 그레테도 병으로 인한 남편의 수동적인 태도가 그녀를 힘 빠지게 한다고 말했다.

그레테는 한탄했다. "예전의 남편은 활동적이고 아이디어가 많았어요. 모험적이었지요." 그녀는 내게 전화할 때마다 이런 어려움을 호소했다. 혼자만의 노력으로는 예전 모습으로 돌아갈 수도, 새로운 부부 세계를 만드는 것도 불가능하다고 생각했다. 그녀는 포기했고 우울증과 분노 사이에서 흔들렸다. "옛날엔 좋았는데⋯⋯"라는 말만 되뇌며 하루하루를 보냈다. '왜 아민은 옛날처럼 될 수 없는 거지? 왜 내가 모든 것을 감당해야 하지?'

의사들은 아민이 정신적으로 문제가 없으며, 병세도 빠르게 진행되고 있지는 않다고 말했다. 아민의 병이 그리 절망적인 상태는 아니었다. 그런데 이 부부가 왜 이토록 달라졌을까?

달라진 것은 둘 사이의 동력이다. 물론 병으로 인해 아민의 능력은 많이 떨어졌다. 그렇지만 부부로서 두 사람은 서로 보완해줄 수도 있다. 그런데 병든 아민의 모습은 그레테의 남편상에 맞지 않았다. 아내로서 더 많은 것을 감당해야 하는 것이 그레테에게는 힘에 부쳤다. 친구나 동료들과의 관계 유지, 병으로 인해 다시 만들어야 하는 새로운 일상……. 물론 남편이 도움을 주면 좋을 것이다. 그러나 그는 실제적인 도움은 주지 못한다. 그들은 이제 단지 습관처럼 살아갈 뿐 각기 어떤 것도 해내지 못하는 부부상을 보여준다. 부부는 옛 친구들과 통화도 안 하고, 이메일도 쓰지 않으며, 두 딸에게만 이런저런 상황에 어떻게 대처해야 할지를 의논한다. 심지어 그토록 좋아했던 여행도 산책도 안 한다. 그동안 행복한 일상을 꾸려왔던 이 부부의 삶을 생각하면 가슴이 아프다.

둘은 마침내 요양병원에 가기로 결정했다. 4층에 있는 복층 아파트가 남편에게는 너무 힘들기 때문이었다. 남편이 아래층 거실에서 잠을 자야 했기 때문에 그레테는 집에서 편안함을 느낄 수 없었다. 쓰던 가구들을 가져갔기 때문인지 그곳은 정말 편안했고 직원들도 친절했다. 더구나 참여할 수 있는 문화행사들도 있었다. 하지만 그런 것들이 아무 의미가 없었고 의욕도 불러일으키지 못했다. 부부는 이렇게 생각했다.

'이런 처지에 아름다운 정원을 바라보며 사는 것이 무슨 의미가 있겠어…….'

이런 경우를 전 우주가 파괴되었다고 말할 수도 있겠다. 가정에서 기대할 수 있었던 흥미로운 세계가 몽땅 사라져버린 것이다. 단지 병 때문만은 아니다. 이 가정 세계가 표면적으로는 아민의 힘으로 만들어지기도 했지만, 이 세계가 조화롭게 유지될 수 있도록 해준 것은 온화하고 사랑스러운 아내 그레테의 역할이었다. 함께 만들어낸 세계가 한순간에 물거품이 되어버릴 수도 있음을 이 부부의 사례는 여실히 보여준다.

물론 우리는 이렇게 묻게 된다. 질병으로 인한 가혹한 시련이 필연적으로 함께한 둘만의 세계를 파괴하는 것일까? 적어도 혼자 남겨진 그레테가 자기 자신을 위해 무언가를 할 수 있지는 않을까? 휠체어를 밀고 같이 가는 게 힘들면 혼자 극장에 가거나, 친구들에게 부탁할 수도 있지 않을까? 남편 말고 그레테만 초대받을 수도 있지 않을까? 남편의 상황을 인정하고 아내의 생활을 더 풍요롭게 가꿀 수 있지 않을까? 상황의 경중에 따라 그런 방식도 필요할 것이다. 홀로 자신만의 세계를 재구축하는 것도 중요하기 때문이다. 그렇지만 아민과 그레테가 공통의 세계를 새로 만들어내는 일이 불가능한 것도 아니다. 중요한 것은 위기를 끌어안는 '태도'이자 '생각'이다.

이런 위기에 처했을 때 어떤 노력도 하지 않는 부부가 많다. 이럴 때 새로운 공통의 세계는 생기지 않으며, 함께 공유했던 세계마저도 사라지고, 각자의 삶은 메마르고 부부생활에 활기라곤 없다.

반면 한스와 아넬리제는 그레테 부부와는 다른 길을 갔다. 아넬리제가 죽기까지 내내 그랬다. 한스는 아내가 뇌졸중으로 거동도 못 하고 언어장애까지 왔지만 부부가 함께 했던 일들을 계속해 나갔다. 그들에게 중요한 것은 친구들이었다. 그들은 의식을 치르듯 생일이나 망년회 때, 그리고 한 달에 한 번씩 만나 볼링을 쳤다. 또 아이들을 데리고 자주 휴가를 갔다.

한스와 아넬리제는 친구 부부 중에서 가혹한 운명을 맞은 첫 커플이었다. 한스의 절망은 그리 오래가지 않았다. 그는 이렇게 말했다. "아넬리제는 여전히 우리 친구 모임에 속해 있으므로 이제 모임을 조금 다르게 해야 돼." 거동하기 불편한 집에서는 모임을 피하고, 필요하면 친구들이 번갈아 휠체어를 끌어주고, 아내가 참여할 수 있도록 휴가 일자를 변경했다. 한스는 자식들에게도 의무적으로 엄마와 함께 바다에 가도록 했다. 아내가 바다를 너무 좋아했기 때문이다.

함께하는 일들을 거의 할 수 없게 되었지만 아내는 징징거리지 않았고, 자신의 운명이 스스로 얼마나 고통스러운지를 남들이 눈치 채지 않도록 고마움을 표시했다. 가끔 자신을 "불쌍한 년"이

부부관계는 둘만의 이야기로 만들어지는 세계이다.
"여보 기억나? 첫째 놈이 사고 쳐서 깁스했던 거?
둘째 놈은 남의 집 울타리를 열어주고는 토끼를 해방시켜 줬다며
좋아라 했잖아."

라며 한탄했지만, 한스는 못 들은 척했다. 다시 재발한 뇌졸중이 아내의 언어능력을 완전히 빼앗아가 버리자 한스는 친구 모임이 현실적으로 어렵다는 사실을 받아들여야만 했다. 여전히 친구들을 초대하기는 했지만 이전과는 비교되지 않을 만큼 가끔이었다. 부부의 생활 영역은 오로지 작은 집과 정원으로 한정되었다. 한스는 모든 걸 감당했다. 요리와 집안일들을 대부분 혼자 해냈다. 그에게 결혼생활이란 오직 일방적으로 아내를 돌보는 일이었다. 그렇지만 투덜대지 않았다. 그렇다고 이런 생활이 마음에 들었다고 말할 수는 없을 것이다.

그는 아내와 거리를 만들지 않았다. 저녁때면 아내의 침대에 앉아 지나간 일들을 이야기해주었다.

"여보, 기억나? 첫째 놈이 다리가 부러졌는데 깁스한 걸 자랑스러워하던 거? 둘째 놈은 이웃 울타리를 열어젖히고는 토끼를 '해방'시켜 줬다며 좋아라 했던 거 한번 생각해봐."

그러면 아내는 고개를 끄덕이고 미소를 띠우며 그녀만의 방식으로 아직도 그녀가 '함께' 있다는 것을, 단지 기억뿐이라 해도 여전히 결혼생활을 하고 있다는 것을 표현했다. 해방시킨 토끼가 그 다음에 어떻게 되었는지는 자세히 얘기할 필요도 없었다. 두 사람 눈앞에 생생하게 펼쳐졌으므로. 화가 난 이웃사람, '이데올로기'를 갖다 붙이며 변명을 하는 아들의 뻔뻔한 주장. 아들놈은 갑갑한 엄마 아빠 집에서 자유를 누리지 못하고 사는 자신을 지금 막 발견했다며 떠들어댔다. 사춘기가 시작된 녀석의 터무니없는 주장이었다. 아내는 미소를 짓다가 얼굴을 찡그렸다. 한스는 아내가 지금 무엇을 생각하는지 알고 있었다.

아내가 세 번째 뇌졸중을 이겨내지 못하자 친구들은 내색은 안 했지만 모든 게 이전처럼 되풀이되지 않을 테니 한스가 조금은 가벼워졌을 거라고 추측했다.

그러나 전혀 그렇지 않았다. 아주 사소한 일일지라도 마지막 해에 아내와 함께할 수 있었던 일들이 한스에겐 정말 중요했다. 그는 허전했고, 아내와 함께했던 좋고도 어려웠던 나날들이 송두리째 사라져버린 것이 가슴 아팠다.

그가 새로 인생을 시작하고 새로운 동반자를 찾기까지는 오랜 시간이 걸렸다. 젊은 새 파트너는 아넬리제와 한스의 공통분모를 전혀 알지 못하는 여자였다. 새로운 관계가 한스를 즐겁게 하기는 했지만 많은 것을 아넬리제와 '함께' 할 수 있었던 그 시절을 자주 애타게 그리워했다. 새 아내와 새로운 공통 세계를 구축하는 것이 가능하긴 했지만, 한스는 아넬리제와 함께 했던 당연한 일들을 더 이상 할 수 없다는 사실이 슬펐다.

함께하는 세계는 체험하며, 해석하며, 이야기하며 만들어지는 것이다. 세상을 체험하는 것은 그 영역이 좁든 넓든 혼자 하는 작업이 아니다. 파트너가 없는 경우는 친구, 독서 등이 그 자리를 대신하며, 독서나 여타 정보에서 얻어지는 '소리 없는' 이야기들은 파

트너와의 대화를 통해 비로소 온기를 얻고 살아 움직이는 이야기
가 되는 것이다.

나이 차이가 만드는
경험의 차이

　파트너와 나이 차가 많으면 서로를 연결시킬 수 있는 공통분
모, 즉 사회적, 세대적 공감이 약하다. 이를테면 지금의 중장년 부
부들이 겪었던 사회 혼란, 젊은 부부들이 겪었던 경제위기 등은 공
통 기억으로 자리 잡고 있다. 이런 세대 경험이 어떤 부부에게는
그들의 공통분모가 된다.
　알마와 헤르베르트의 나이 차는 열두 살이다. 헤르베르트에게
는 결코 잊을 수 없는 기억이 있다. 그것은 사회적으로 혼란스러
운 시기의 캄캄한 밤거리와 소요이다. 알마는 이런 남편의 이야기
를 서스펜스 드라마를 접하듯 귀 기울인다. 알마는 정치적인 면으
로는 아무것도 체험한 게 없다. 알마는 결혼 이후에야 남편의 이
야기를 통해 사회적 사건들을 제대로 알게 되었다.
　대부분의 커플들이 이런 다른 경험들을 무조건 결손으로 느끼
지는 않는다. 하지만 어떤 부부에게는 이런 차이가 중요한 영향을

끼친다. "그녀는 전혀 이해를 못 해. 그때 우리가 왜 현실보다 이상을 더 중시했는지, 보수적인 기성세대들하고 왜 그렇게 싸웠는지 말이야." "그때 그녀는 유년 시절이었지. 그래서 이해할 수 없을 거야. 내가 왜 취직보다 사회 문제에 더 관심을 가지는지……."

좋지 못한 결혼생활에도 '공통 세계'가 있게 마련이다. 이것은 자동적으로 만들어진다. 하지만 공통 체험을 쉽게 망각하거나, 완전히 다르게 기억하거나, 특히 전적으로 자기만의 감정으로 해석해 둘의 경험이면서도 마치 혼자 사는 것처럼 행동하는 사람도 있다.

이런 경우는 남녀가 데이트할 때의 '대화 게임'과 아주 비슷하다. 여자가 어떤 이야기를 하면 남자가 그 이야기를 수정하고, 그걸 또 여자가 수정하고, 상대가 자기 버전을 계속 주장하는 식이다. 이런 관계는 재미있을 수 있지만, 결국에는 공통 세계를 만드는 토대를 발견하지 못하게 되고, 유대관계도 만들어지지 않는다.

같이 살지만
따로인 커플

친구들 사이에서 '총각의 화신'으로 불리던 올레의 얘기를 들

어보자. 자기만의 세계를 즐겼던 올레는 호감 가는 여자를 만나 결국 동거에 들어갔다. 결혼 애기까지 오갔지만 2년의 동거생활은 결국 종지부를 찍었다. 여자는 올레한테 물건처럼 취급받았다고 말했다. 올레는 여자 친구와 함께 살긴 했지만 과거에도 그랬듯이 자기 식대로 행동했다. 올레는 함께 사는 여자의 욕구나 기대를 외면한 채 내키는 대로 오고 갔다. 여자의 기억 속에 그들이 함께 하거나 체험한 것은 하나도 없었다. 그래서 그녀는 아무것도 그립지 않다고, 결국은 혼자였다고 말했다.

올레처럼 스스로 자신을 관계에서 분리시키지만 않는다면 공통 세계는 어쨌든 저절로 만들어진다. 이런 세계는 파트너십으로 묶인 커플들에게서 아주 잘 유지된다.

공통 체험이 초라하게 변질된 사진이어서는 안 되리라. 남편과의 첫 키스, 첫 아이 출산, 결혼기념일, 처음 산 자동차, 배낭여행 등 특별한 공통 체험들은 나이 들수록 인생을 멋지게 장식한다. 그것은 친구 방문, 영화 감상, 혹은 특별한 깜짝 쇼일 수도 있다. 이는 커플들의 성격, 관심, 재주에 따라 다양해질 수 있다.

인생을 활기차게 만드는 것은 이러한 일상의 풍경들이다. 멋진 정원이 있는 카페를 찾아 도시 근교에 가는 것일 수도 있고, 지방 축제가 열리는 해안가에서 깜짝 주말을 보내는 것일 수도 있다. 이런 식으로 인생을 만들기 위해서는 마음이 열려 있어야 하며, 정보를 수집하고, 고정관념에 사로잡혀서는 안 된다. 인터넷이 없더라도 많은 흥미로운 잡지에서 좋은 정보를 얻을 수 있다. 동네 식당에 국수를 먹으러 가는 일이 함께한 세월의 앨범에서 특별한 자리를 차지하는 것은 아쉬운 일이 아닐 수 없다.

두 사람을 묶는 것이 반드시 큰 이벤트만은 아니다. 소중한 기억으로 남는 일은 눈치 채기 어려운 사소한 것일 수도 있다. 모든 파트너들은 그들만의 특별한 기억의 형태가 있다. 중요하고 기억되는 것들은 공동의 '작업'을 필요로 한다.

물론 자기 파트너가 끼어들 수 없는 자기만의 '앨범'이 있을 수 있다. 하지만 자기만의 앨범이 좋은 관계에서는 우월한 위치를 차지하지 않는다.

자기만의 앨범은 자신을 위해 간직해두는 것이 좋다. 남몰래 사랑에 빠지거나 애정 행각을 벌일 때도 그러하다. 물론 이런 일은 까다롭고 민감한 사안이다. '공통 세계'에 이 같은 기억들도 끼어들어야 할까? 얼마나 솔직해야 할까? 어디까지 털어놓아야 할까? 이런 문제에 대한 확실한 레시피는 없다. 하지만 파트너의 관대함을 너무 믿어서도 안 된다. 자기 세계를 보호할 수 있어야 하고, 자기만의 세계를 간직하는 것이 나쁜 일도 아니다.

자기만의 세계를 갖는 일은 자연스레 이루어지기도 한다. 각자가 기억하는 어릴 적 추억은 홀로 마음속에 간직하는 경험이며, 또 우리는 흔히 서로 다른 직업을 가지면서 (타인에게는 별로 중요하지 않은) 각자 다른 경험을 한다.

세계가 다소 좁아지는 나이가 되면 단조로운 삶과 맞닥뜨리게 된다. 새로운 일들이 줄어들고 옛 공통분모들, 즉 체득된 공통분모들이 더 이상 즐겁지도, 신선하게 느껴지지도 않는다. 따라서 새로운 체험이 중요해진다. 단지 정신 건강 때문만이 아니라 새로운 일들이 커플을 함께 성장시켜주기 때문이다.

극복하기엔
너무 엄청난 비극

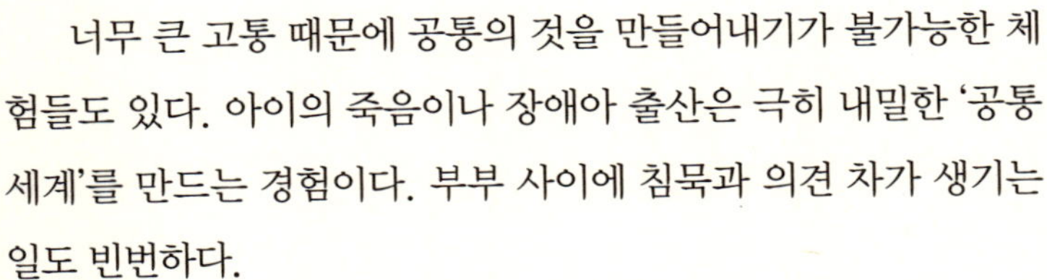

너무 큰 고통 때문에 공통의 것을 만들어내기가 불가능한 체험들도 있다. 아이의 죽음이나 장애아 출산은 극히 내밀한 '공통 세계'를 만드는 경험이다. 부부 사이에 침묵과 의견 차가 생기는 일도 빈번하다.

내가 잘 아는 한 부부는 딸이 자살을 했다. 부부는 절망과 비탄 속에 살아갔다. 남편은 묘지에 가는 것도, 딸의 끔찍한 일에 대해 말하는 것도 일체 거부했다. 엄청난 아픔 속에 웃음을 잃었다. 남편의 태도에 부인은 자신이 버림받았다고 느끼고 의사를 찾아갔다. 그녀는 괴로움을 토로했고, 의사와의 상담을 통해 남편이 왜 슬픔을 함께 나누기를 거부하는지 이해하게 되었다. 딸의 자살

전에는 서로를 깊이 신뢰하며 살았지만 이후엔 모든 것이 무의미했다. 그들 사이엔 오랜 침묵이 흘렀고, 위안이라고는 없는 기나긴 시간들이 이어졌다.

오랜 시간이 흐른 후에야 의사는 부부를 함께 상담할 수 있었다. 그제야 남편은 슬픔을 나누는 것을 거부한 일이 아내에게 어떤 고통을 주었는지 깨달았다.

자살 같은 비극과 치유의 단계를 '공통'의 과정으로 파악하고, 고통을 통해 결혼생활의 중요한 부분이 발전될 수 있음을 이해하는 데에는 많은 노력과 시간이 필요하다.

함께 산다는 건
공통점으로 묶였다는 것

여기서 나는 이다와 헨리 부부를 소개하려 한다. 이 부부는 다른 부부들과 마찬가지로 많은 다툼과 갈등을 겪으면서 부부생활을 이어왔다. 이 장과 다른 장들을 읽고 이 부부는 자신들의 이야기와 생각을 솔직하게 말해줄 것이다.

저자 : 이다, 결혼생활이 어떤가요?

이다 : 내 결혼생활의 핵심은 함께 체험하고, 함께 생각하고 이야기하는 거예요. 우리가 처음 만났을 때는 좀 불안했어요. 나는 제약회사에서 일했고, 남편 헨리는 이쪽 분야를 비판하는 사람이었어요. 늘 싸움이 잦았지요. 다르게 바라보고 다르게 생각했으니까요. 사실 난 많이 배웠어요. 꽹장히 순진했거든요. 약은 좋은 거라고 생각했지요. 무기 공장에서 일하는 것보다는 훨씬 나으니까

요. 헨리는 종종 과장된 비판을 하면서도 내 말에 귀를 기울였어
요. 그렇게 해서 우리 두 사람은 많이 배웠어요. 우리는 같은 생각
을 갖는 것이 이상하게도 중요했어요. 사회에 대해 이야기하는 것
을 즐겼어요. 그래서 모든 걸 다시 평가해보았지요. 우리가 무엇을
좋게 생각하는지, 무엇이 바보짓인지, 우리가 무얼 느꼈는지를.

난 생각해보았어요. 남편의 생각이 나의 생각과 무엇이 다른
지를요. 물론 각자 의견이 늘 일치하진 않았지만 크게 다르지 않
았어요. 일정한 주제를 놓고 같이 생각해보니까 중요한 부분에서
는 같은 마음이더라구요. 나만의 경험들도 있지요. 예를 들어 지
금도 자주 만나는 학창 시절 여자 친구 두 명 정도. 남편은 내 친
구들이 보수적이고 편협하다고 생각해요. 난 오히려 남편이 너무
편협하게 본다고 생각해요. 나는 두 여자 친구와 정이 많이 들었
고, 오랜 세월 동안 우리 인생을 공유해왔거든요. 비록 친구들이
좀 협소하게 살긴 하지만 친구들과 함께 있으면 참 편안해요.

물론 나 자신도 편협한 측면이 있다는 걸 알아요. 예컨대 나는
보수적인 사람하고는 대화가 안 된다고 생각하거든요. 그래서 나
이 든 사람의 생각을 의심하곤 해요. 이런 말도 있잖아요. "서른
이상 된 사람은 믿지 마라." 정말 웃기는 말이죠. 나도 서른을 훨
씬 넘겼으면서. 지금은 보수적인 친구들도 몇몇 있어요. 젊었을 때
는 보수적인 친구들과 상종을 안 했어요. 하지만 지금은 가깝게
지내고 있어요. 정말이지 우린 젊었을 때 아주 편협한 사고에 갇혀

있었어요.

　　저자: 남편과 당신 둘 중에서 누가 이야기를 끌고 가나요? 공통 세계를 풍부하게 하는 쪽이 누구예요?

　　이다: 전체적으로 보면 비슷하다고 생각해요. 물론 두 사람 각자 관심 있는 주제가 있어요. 사회에 관한 이야기는 헨리가 더 많이 하고, 나는 인간적인 문제에 관심이 많아요. 말하자면 친구들 관계, 모임을 어떻게 할 것인지 같은 거요. 그렇다고 둘의 관심이 많이 어긋나지는 않아요. 이런 일들에 대해 함께 이야기를 나누는 것 자체가 중요하지요.

　　그러나 이런 대화가 내겐 늘 가장 중요하지는 않아요. 그것보다는 '본질적인 어떤 느낌' 같은 것이 중요해요. 이를테면 같이 체험한 것, 어떤 사람들이 중요했고 중요한지, 그리고 이제는 점점 친척과 친구한테 생기는 심각한 질병과 죽음이 중요해져요. 친구가 병원에 가거나 수술을 받게 되면 심적으로나 외적으로 신경을 많이 쓰게 돼요. 남편과 나는 비슷한 것이 있는데, 그건 우리가 그들을 돌볼 의무가 있다는 생각이에요. 이제 더 대단한 것을 말하기는 어렵지만, 사람이 표현할 수 있는 것 이상으로 더 많은 것이 있다는 느낌이 들어요. 그러니까 다른 사람을 정확하게 이해하려면 장편소설 하나쯤은 써야 한다는 말도 있잖아요.

　　나는 이다의 남편 헨리도 인터뷰했다.

헨리는 국민보건 행정직에 종사하는 사람이다. 그는 자신의 결혼생활에 대한 느낌과 생각을 말했다.

저자 : 당신과 아내의 '공통 세계'를 어떻게 보나요? 있긴 한가요? 아니면, 당신한텐 그저 책에나 나오는 말에 불과한가요?

헨리 : 그건 아니에요. 물론 부부관계에 관한 분석이 꽤 있고, 난 유익하게 받아들여요. 하지만 자세히 보면 일방적인 면이 있긴 하지요. 결국 우리는 다 개인들이잖아요. 그런데 '공통점'을 지나치게 강조하거든요. 나는 아내와 함께 하지 않은, 또 함께 하고 싶지 않은 일들도 있어요. 아내는 현실적인 사람이니까요. 현실을 그대로 받아들이는 여자지요. 아내의 그런 점을 좋아하고요. 하지만 어떤 면에서는 회의를 느껴요. 우리 둘이 제대로 사는 건가? 딸에게 한 행동은 어땠지? 우리가 앞으로 더 행복하지 살 수 있을까? 등등. 아내에게 말할 수 있는 것보다 불안이 더 커요. 그러면 그녀는 당장 저를 안심시키는 말들을 쏟아낼 겁니다. 분명 좋은 일이지요. 그러나 내겐 그녀가 들어갈 수 없는 작지 않은 영역이 있어요. 말하자면 우리는 더는 다른 여자에 대한 이야기를 하지 않아요. 우리 둘에게 고통을 주었던 여자. 한때 아내와 못하는 것을 다른 여자와는 함께 하기도 했어요.

하지만 아내와 함께 한 것이 훨씬 더 커요. 결혼 초에 방향을 잡기 위해 나눴던 숱한 대화들, 현실에 적응하기 위해 했던 많은 제안들 같은 것들요. 젊은 시절을 여러 문제들 속에서 보냈기 때문에 우린 과거와 대결하느라 바빴어요. 부모님들도 우리가 함께 한 세계의 일부였지요. 우린 아직도 어린 시절에 대해 자주 이야기 해요. 우리가 함께 한 공통 체험과 대화가 무수하게 많았지요. 그 모든 것에 대해 다 말할 수는 없을 거예요.

　　저자 : 둘만의 공통 세계가 편협해서 그 안에 안주하려 하고 새로운 것을 거부하는 경향도 있겠죠?

　　헨리 : 그런 느낌이 우리에겐 없어요. 우리는 열려 있고, 다른 사람의 말에 귀 기울인다고 생각해요. 우리 둘의 경우 한 사람이 우위에 있다고 말할 수는 없어요. 각자 자기만의 '중심'이 있으니까요. 이를테면 아내 때문에 극장에 가게 되었어요. 난 늘 독서파였거든요. 그런데 점차 영화가 대화 주제가 되었고 그러다가 우리 관심사를 다룬 영화를 찾기 시작했어요. 새로운 세상을 아내가 열어준 것이나 다름없어요. 나도 아내에게 사회 문제를 폭넓게 볼 수 있는 시각을 갖게 해주는 데 일조했구요.

함께 산다는 것에
관하여

63

3

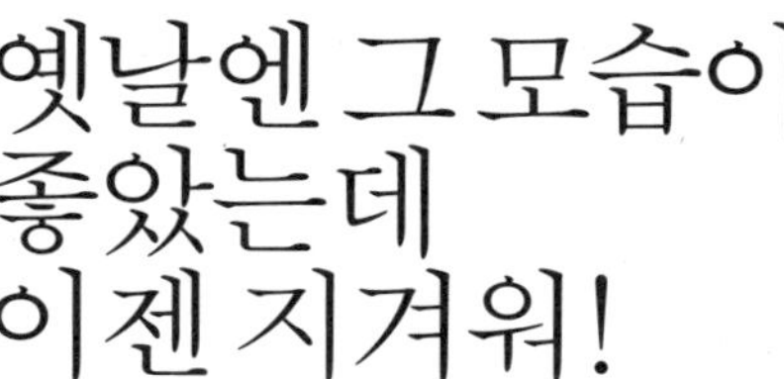

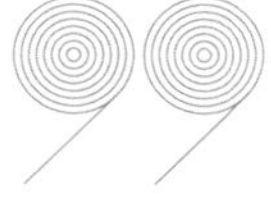

편견이 지배하는
관계의 불행

행복한 결혼 생활에서 중요한 것은
서로 얼마나 잘 맞는가보다

다른 점을 어떻게 극복해나가는가이다.

—

톨스토이

우리는 서로 다르게 보고 다르게 해석한다

"감동의 쓰나미구만."

"깊이가 다른 영화인걸!"

사람들은 이렇듯 자기 경험에 이름을 붙이거나 평가하기를 즐긴다. 그리고 많은 걸 서로 연결시킨다. 반복되는 자기 경험들을 해석하고, 종종 여러 방식으로 설명한다. 따라서 '해석'이란 한 사람이 겪은 경험들의 요약이다. 이 해석에는 실제로 일어나는 일보다 더 복잡한 내력이 숨어 있다.

정신분석학의 근거를 따져 묻지 않아도 우리는 친구가 갑자기 모든 만남을 끊고 골방에 틀어박힌다면 그를 '인간 혐오증'이라고 해석한다. 아니면 '우울증'과 연관시켜 그의 모친이 아주 별난 기질을 가졌고, 그의 애인은 폭식증이었다는 등의 일을 떠올리면서 해석을 해댄다. 이렇게 해석을 하면 세상을 바라보는 것이 훨씬 쉬워진다.

우리는 대개 실제 체험과 체험에 대한 해석을 구분하지 않는다. 즉, 자기의 해석이 실제 그런 것처럼 단정한다. 한 남자가 딸을 학교에서 데려오는 일을 까먹었다고 해보자. 그의 아내는 "남편이 잠깐 졸았나봐"라고 해석한다. 이 해석은 따뜻하게 들린다. 그런데 그의 아들은 다르게 해석한다. "아빠는 남 돕는 일에는 신경을 안 써. 이기적이야." 아들의 해석은 비판적인 느낌을 준다. 이렇게 해석이 다른 것은 어쩌면 당연한 일이다.

한 여성을 상담했을 때의 일이다. 이 여성은 결혼 초에 남편이 늘 자신한테 소홀하다는 느낌을 받았다고 한다. 남편은 본인 일에 대해서만 얘기했고, 그녀에 대해서는 별 관심이 없었다. 심지어 그녀의 직업도 무시했다. 그녀는 이런 남편을 이해했다. '남편이 더 중요한 일을 하고 있으니까 이해할 수 있어.'

어느 날 친구가 가까운 남자에 대한 이야기를 들려주었다. 그 남자는 자기 남편과 행동이 매우 비슷했다. 친구는 그 사람을 '나르시시스트'라고 불렀다. 남 일에는 도무지 관심이 없고, 따라서 배려심이 있을 리 없으며, 남들을 끊임없이 착취하는 부류라면서 남자를 해석했다. 당시는 나르시시스트라는 말이 그리 흔하지 않았을 때였는데, 그 말을 듣자 남편의 행동이 이해되었다. 남편과 자신의 관계가 이해되자 한편으론 해방감을, 다른 한편으론 체념에 이르게 되었다. 그녀는 결국 나르시시스트와 살 수 없다고 생각하고 결혼생활에 종지부를 찍었다.

이러한 해석이 자신과 타인, 인간관계에만 해당되는 것은 아니다. 우리는 세상에서 일어나는 모든 일을 해석한다. 해석의 차이는 행동의 차이를 낳는다. 예컨대, 어떤 사람은 일간지에서 사람들 사이의 충돌과 이해관계를 보면서 '점점 추락하는 도덕성'을 읽어내는

가 하면, 또 다른 사람은 그런 이해관계의 충돌이 있다는 사실만을 기계적으로 읽어낸다. 전자는 해석에 통찰력이 개입되어 있고 해석이 행동의 동기가 된다. 하지만 후자는 단지 '아는 것'에서 끝난다.

모든 사람은 끊임없이 자신의 삶을 해석하며 살아간다. 어떤 해석은 진부하다. 어떤 해석은 장편소설이나 드라마를 모방하기도 하고, 다른 해석은 정신분석학을 모델로 하며, 또 다른 해석은 자신이 힘겹게 노력해서 짜 맞추기도 한다. 이런 해석의 영향을 많이 받을수록 그것에 영향을 받는다는 사실을 모르는 경우가 많다. 나중에 심리치료를 받거나 친구들과 대화하거나, 혹은 일기를 쓰다가 자기가 그랬다는 사실을 깨닫게 될 때도 있다.

이상적인 커플이란 무엇인가?

부부에 대한 이상적인 해석을 붙인 유명한 예가 있다. 수없이 회자되는 사례는 '필레몬과 바우키스'(옮긴이—그리스 신화에 등장하는 노부부. 부부는 한날한시에 같이 죽고 나무로 변해 죽어서도 함께 했다)다. 이는 부부관계를 하나로 압축해 보여주는 상징적인 장면이 아닐까 싶다. 현대인 누구도 두 손을 꼭 잡고 석양을 바라보는 노부부의 멋진 그림을 부부의 이상향으로 떠받들고 있지는 않을 것이다. 하지만 이 노부부 이야기는 현대적인 해석을 덧붙인다 해도 '이상적인 부부상'으로서 여전히 그 힘을 발휘한다.

이를 현대적으로 해석하면 이런 그림을 연상할 수 있지 않을까? 편안하게 일상적인 얘기를 나누며 오순도순 저녁을 먹는다. 함께 거실에 앉아 차를 마시며 〈수사반장〉이나 〈백만장자 되기〉 텔레비전 프로그램을 본다. 이내 함께 의자에서 일어나 함께 잠자리에 든다. 이것이 비현실적일까? 그렇기도 하고 그렇지 않기도 하다. 어쨌든 이런 부부가 되기란 쉽지 않다. 아주 사소한 일이지만 둘이 언제나 같은 프로를 보고 싶어 하지는 않기 때문이다. 좀 나은 경우는 그래도 서로 보고 싶은 프로를 나누어서 보는 경우고, 나쁜 경우는 한쪽이 자기가 보고 싶은 것만 보는 것이다.

함께 쓰는 침실에서는 어떨까? 남편이 심하게 코를 곤다면? 아내는 전등을 빨리 끄고 싶어 하는데 남편이 책을 계속 읽고 싶어 한다면? 함께 편안히 잠들 수 있을까?

부부관계를 부정적으로 해석한 프레임은 말다툼으로 점철된 결혼생활이다. 아내는 늘 불만에 찬 눈빛이다. 손님이 와 있을 때도 숨길 수 없다. 신문 기사를 읽고 불평을 하며 중얼거린다. 남편은 아내에게 "언제나 당신 말이 맞지, 뭐" 하며 퉁명스럽게 말하고는 자리를 뜬다. 집 분위기는 늘 싸늘하고, 서로는 서로에게 신경 쓰이게 하며 예민하게 군다. 이런 모습은 전형적인 문제 부부의 한 장면이다.

갈등으로 점철된 부부관계는 가정생활과 가족관계 전체에 엄청난 영향을 끼친다. 그리고 한탄하게 된다.

"우리의 결혼생활은 완전 불행해."

필레몬과 바우키스를 이상적인 부부관계 프레임으로 해석하는 경우 부부생활에 부정적인 영향을 끼칠 수 있다. 왜냐하면 이런 부부와 비슷하게 될 수 없다는 사실이 서로에게 부담을 주기 때문이다.

진정한 파트너십은
무엇인가?

일상생활에서 파트너와의 관계를 바라보는 해석은 어떤 것이 있을까? 그리고 그것은 어떤 결과를 낳을까?

나는 오랫동안 파트너 관계를 다루면서 심리 치료에서 이를 분명하게 볼 수 있었다. 해석이 달라질 때 파트너 사이의 분위기도 달라지며 부부관계도 새로운 양상을 띤다.

에드가는 편집자였다. 그는 부부관계에 너무 이상적인 해석을 가한 사람이다. 그는 아내 멜레네와의 결혼생활을 '매일 새로운 지적 모험을 경험하는 일'이라고 생각했다. 그래서 멜레네의 주부로

서의 약점이나 둘의 문제점들을 무시하고 넘어갔다. 에드가가 다른 여자와 사랑에 빠졌을 때도 '결혼생활에 대한 해석'(즉 '결혼은 지적 모험이다')은 바뀌지 않았다. 그래서 그는 아내를 떠나지 않았다. 아내는 그에게 지적 자극을 주었다. 그녀는 그의 인생에서 가장 흥미로운 여인이었다. 그에게 아내와의 결혼생활은 고귀한 '정신적 공동체'를 꾸려나가는 일이었다. 직업도 아이도 없었던 아내는 살림에는 관심도 능력도 없었다. 그녀는 에드가가 버는 돈으로 온갖 책과 지적 분위기에 둘러싸여 지식인 친구들과 화려한 생활을 즐겼다. 그런 생활이 그녀 인생에서 큰 부분을 차지했다. 그녀의 이런 면들은 둘의 결혼생활에서 어둠 속에 가려져 있었다.

멜레네가 죽자 상황이 바뀌었다. 그녀가 죽을 때까지 술독에 빠져 산 건 오히려 작은 비난거리에 불과했다. 에드가에게는 아내의 지적인 측면만이 돋보였기 때문이다. 그런데 이제 그는 어떻게 그렇게 오랫동안 멜레네를 참아왔는지 스스로를 가련하게 여기고 있다. 두 번째 아내와의 관계가 백팔십도 달랐기 때문이다.

신기하게도 그는 지금 과거와 비교할 수 없을 만큼 행복하다. 새 아내는 매우 상냥하고 현실적이며, 게다가 둘은 정신적인 파트너이다. 경제적인 측면에서도 그녀는 놀랄 만큼 현명하다. 그는 행복한 결혼생활이 무엇인지를 알게 되었다. 에드가의 멋진 표현을 빌리자면 부부관계는 정말 "땅에 굳게 발을 딛고 서 있는" 정신적 공동체였던 것이다.

에드가는 전 아내 멜레네와의 관계에 극히 몰두했었다. 일방적인 멜레네와의 관계를 스스로에게 미화시키기 위해 그는 내적으로 숱한 지적 싸움을 벌여야 했다. 그는 진지한 사람이었고, 자신이 내린 해석이 잘못되었다는 것을 끝내 숨길 수 없었다. 혹독한 대가를 치렀던 일방적인 관계는 이제 새로운 아내를 얻고서야 새로운 국면에 이르게 되었다.

'파트너십'에 대한 해석이 어떤 역할을 하는지 이해하는 건 어렵지 않다. 그 역할은 복잡한 관계의 틀을 정리해주고, 설명해주며, 수많은 사안들이 잘 들어맞지 않는 일상에 어떤 지침을 준다. 이런 관점에서 드는 의문이 있다. 에드가가 생각했던 것처럼 멜레네는 정말 그의 대체 불가능한 정신적 지주였을까? 그를 그녀에게 매어둔 것은 그녀 자체가 아닌, 다른 어떤 것이 아니었을까? 그 어떤 것이 좋은 것이든 나쁜 것이든 상관없이 말이다. 부부가 정신적 공동체여야 한다는 에드가의 해석이 그가 시장을 볼 때 느낀 분노를 잠재운 건 아닐까?

편견은 파트너의
　　　　본래 모습을 왜곡한다

마틴은 에드가와는 정반대 해석을 했다. 마틴은 결혼생활을 "잘못 끼운 단추"였다고 공공연히 말했다. 아내 루이제와 자신은 전혀 맞지 않는 사람이었으며, 그녀는 차갑고 피상적이라고 했다.

"내가 눈을 감는다면 마지막으로 보고 싶지 않은 얼굴이 루이제야."

아내와 오래 살았으면서도 마틴은 이런 놀라운 얘기를 했다.

처음에는 자식들 때문에 못 헤어졌다. 자식들이 큰 다음에는 헤어질 뚜렷한 이유가 없었다. 그러니까 대단한 소속감 없이 부부로 함께 살았다. 마틴은 결혼과 부부관계에 대한 자기의 방식을 깊이 생각할 필요가 없었다. 그에게 결혼생활이란 '선한 양심'을 갖고 적당한 거리를 두고 사는 것이었다. 이는 분명 심리학적으로 그럴싸한 이유들이 있었다.

오직 아내에게만 문제가 있었던 것은 아니었다. 다른 여자와 애정 행각을 벌이는 특권을 가진 것도 분명 나쁘지만은 않은 일이었다. 그런데 아내가 옛 사랑과 재회하면서 상황이 완전히 달라졌다. 그 남자는 홀아비였고 루이제가 언제나 자기의 사랑이었다고 주장했다. 아내는 혼란스러워했다. 마틴은 어땠을까?

그는 분노와 슬픔에 사로잡혔다. 그는 자신들이 좋은 부부였다고 말했다. 함께 많은 것을 했고 성관계도 흠잡을 데 없었고, 모든 것을 볼 때 괜찮은 노후가 예정되어 있었다는 것이다. 그런데 마틴과 루이제가 이혼한 후 마틴의 여동생이 이렇게 말하는 것이었다.

"오빠는 언니를 전혀 사랑하지 않았어. 서로 전혀 맞지도 않았잖아!"

이 말은 마틴을 놀라게 했다.

결혼생활에 대해 달라지는 그의 해석은 그때마다 그의 마음을 편안하게 해주었다. 달라지는 해석은 그가 외도를 할 때에도 그의 태도를 정당화시켰고, 부부관계를 변화시키려고 노력하기보다 쉽게 내면으로 도피하는 것도 합리화시켜 주었다. 그리고 아내에게

다른 남자가 생겼을 때에도 달라진 그의 해석은 그의 분노를 정당
화시켰다.

　　결혼생활을 바라보는 해석이 중요하고 다양한 사건들을 아우
르는 것들만 있는 건 아니다. 일상의 작은 사건들에도 우리는 해
석을 해댄다. "왜 또 그 모양 그 꼴이야?" "당신은 매사에 그런 식
이지!"라며 비난할 때 우리는 해석하고 있는 것이다. 특히 부부생
활에서 '여자'는 당연히 가정을 잘 돌봐야 하는 사람이고, '남자'는
가정문제에 있어 젬병이라는 편견이 그것이다. 이런 편견들이 쌓
이면 부부생활은 단 몇 줄의 문구로 단순화된다.

　　그렇다면 이러한 고정된 해석 없이 살 수 있을까? 사실 고정
된 해석 없이 살기는 힘들다. 해석으로 인해 어떤 일들이 설명되고
선명해지고, 방향을 잡게 되고, 계획이 가능해진다. 고정된 해석이
주는 커다란 장점들이다. 정해진 해석의 모델이 없다면 그 자체로
혼란스러운 삶은 훨씬 더 혼란스러워질 것이다. 사람은 일정한 해
석 덕분에 수많은 사건을 '언제나 동일한 것'으로 생각하게 된다.

　　그렇다면 단점은? 그것은 빤히 보인다는 것이다. 사람은 언제
나 이미 본 것만을 보고 새로운 것에는 거의 기회를 주지 않는다.

　　남편이 신문이나 텔레비전을 보는 것 말고 제대로 하는 거라곤
없다는 말이 정말일까? 남편이 평생을 쪼잔하게 살아서 정년퇴직을
한다 해도 기분 좋은 일이란 아예 없을 거라는 말이 정말일까? 남편
이 본래 멋대가리가 없어서 생활이 무미건조하다는 말이 사실일까?

힘들게 돈 버느라 노는 감각을 잃어버린 가장의 멋대가리라면 좀 이해해줄 수 있지 않을까? 명퇴 당한 사람의 답답함이라면 좀 너그럽게 봐줄 수는 없을까? 노후 걱정 때문에 남편의 씀씀이가 쪼잔해질수도 있다. 이렇듯 상대에 대한 고정된 해석들은 상대를 제대로 보는 눈을 방해한다. 좀 다른 면으로 바라봐줄 수는 없을까?

고정된 해석이 단지 나이 탓만은 아니다. 눈치를 채든 못 채든, 우리가 하는 모든 일은 평생 어떤 해석의 틀에 갇혀 있다. 특히 주변 사람을 보는 해석은 자신의 삶을 형성하는 데 있어 매우 중

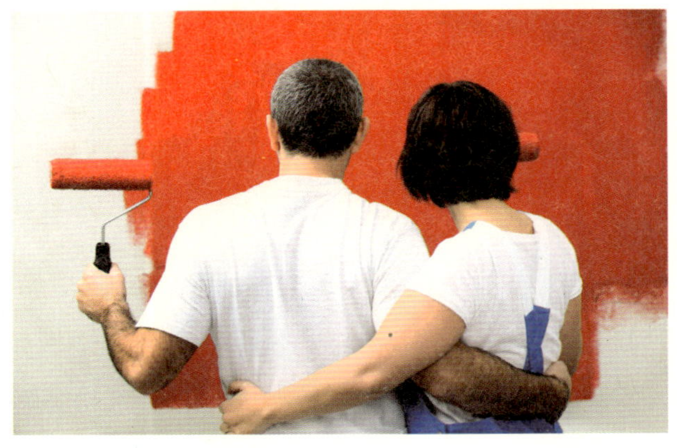

"당신은 매사에 그렇지 뭐." 편견이 지배하는 관계는
활기를 잃게 되고 새로운 것을 허용하지 않는다.
명퇴 당한 사람의 답답함이라면 좀 너그럽게 봐줄 수 없을까?
돈 버느라 삶의 감각을 잃어버렸다면 좀 이해해줄 수도 있지 않을까?

요하다.

이런 측면에서 어느 정도 부부생활을 해온 사람들은 스스로 위험에 빠진다. 즉, 타인에 대한 경직된 해석을 자기 스스로 강요하고, 해석을 더 이상 변화시키려 들지 않는다. 이럴 때는 관계를 전혀 다르게 보았던 연애 시절을 되돌아보는 것이 중요하다. 과거의 모습이 진짜였나? 아니면 지금에야 진짜를 보는 건가?

아니다. "진짜 진실은 있을 수 없다." 이는 환자들의 과거를 속속들이 파헤쳤던 프로이트가 한 말이다. 진실은 언제나 달라질 수 있고, 심지어 정반대로 달라질 수도 있다.

남편의 변화가
가져온 변화들

결혼한 지 얼마 되지 않았는데도 요세파에게 남편은 '감옥'이었다. 남편은 교도소장 같은 엄격한 남자였다. 숨을 쉴 수가 없었다. 남편이 미웠기에 그가 하는 일 모두가 부당하게 느껴졌고, 그를 적으로 만들어줄 뿐이었다. 아이들과 신앙이 그녀를 지탱시켜 주었다. 남편이 직업상 자주 집을 비우는 것이 그녀에겐 특별한 선물처럼 느껴질 정도였다.

그런데 지금은 어떨까? 많은 것이 달라졌다. 남편이 달라 보이는 것이다. 그가 환경 관련 일을 한다든지, 어려운 환경 에너지를 연구하는 일이 좋아 보인다. 남편은 집안일에 문제가 생겨도 화를 내지 않는다. 요세파는 남편의 변화가 기적처럼 느껴졌다.

이렇게 상황이 변한 데에는 몇 가지 현실적인 원인이 있었다. 첫째는 돈 씀씀이에 대한 남편의 잔소리가 줄었기 때문이고, 둘째는 종종 다툼의 원인이었던 아이들이 집에 없기 때문이며, 셋째는 남편이 좋아하는 일을 시작했기 때문이다. 상황이 달라지니 남편도 달라졌다. 요세파도 초기 결혼 시절보다 남편에게 자신을 더 많이 보여줄 수 있다. 그녀의 생각이 유연해졌다.

"남편이 오랫동안 가족에게 한 모든 짓을 용서할 순 없어요. 하지만 새로운 남편은 괜찮네요"라고 말했다.

남편이 아직도 이기적이고 감정적 배려가 거의 없는 사람이긴 하지만 많은 것이 좋아졌다. 남편의 다른 면을 발견하게 된 것이다. 지금 그녀는 남편과의 생활을 '할 만하다'고 느낀다. "남편이 자신만의 방식으로 저를 사랑하는 거겠죠." 이제 그녀는 부부생활을 감옥살이로 생각하지는 않는다.

요세파의 변화에는 다른 원인이 숨겨져 있을 수도 있다. 남자와 살면서 고통을 겪은 아내들은 정신적, 일상적으로 무감각해져서 생활의 '틀'(감옥살이)을 잘 바꾸려 하지 않는다는 점이다. 대신 남편에 대한 자신의 관점을 바꾼다. 그러는 편이 더 쉽고 안전하기 때문이다. 하지만 요세파는 남편이 기분 좋게 옆에 있다고 느끼고, 때로 함께 있다고도 느낀다. 이것이 이상적인 부부생활이라고는 생각되지 않지만, 요세파처럼 자신만의 자원을 많이 가지고 있는 여자라면 괜찮을 듯싶다.

편견은 관계의 불행을 초래한다

"남편은 정말이지 늘 수컷이었고, 지금도 여전히 그래요. 남편이 날 여러 번 속였다는 것이 늘 분해요. 그가 스스로 그 짓을 그만뒀더라면 내가 쉽게 잊을 수 있었는데…… 이제는 그 짓도 끝났고, 더는 할 기력도 없겠죠."

상대에 대한 오래된 해석들, 그리고 이것과 연관된 일들은 무거운 바위처럼 모든 것을 압박한다. 둘의 생활에 어떤 새로운 아이디어도 생겨나지 않는다.

아내 마리에게 답을 주고 위안을 주고 심지어 도덕적인 평가를 내리는 것은 어렵다. 물론 이런 관계에 대해 장황한 분석을 할 수도 있을 것이다. 마리는 왜 남편 테드가 계속 속이도록 놔뒀을까? 남편은 왜 그렇게 할 수밖에 없었을까? 등등. 이렇게 분석한다면 많은 것이 해명될 것이다.

마리가 자신과 부부관계를 다르게 바라볼 수는 없을까? 그녀가 남편과 함께했던 멋진 여행을 떠올려볼 수는 있을 것이다. 반정부 운동으로 3년간이나 옥살이를 견뎌낸 그의 용감함을 자랑스러워할 수도 있다. 또 다른 많은 추억들도 많다. '수컷 테드'라는 해석만이 존재하는 것이 아닌데도 마리는 이 생각에만 매달렸다.

"그이는 내가 잘 알죠. 젊고 예쁜 여자가 방에 들어오면 발정난 수컷처럼 달려들걸요."

특히 부부가 은퇴생활(혹자는 이를 두고 '부모의 임무를 마치고 난 후의 공동생활'이라고 정리한다)에 들어갈 경우, 새로운 해석으로 결혼생활에 도전할 수 있는 기회가 생긴다. 남편은 이제 직업도 없고, 자식들에게 계속 신경 쓸 일도 없다. 실제로 다른 사람이 된다. 삶을 다르게 조직하고 타인을 새롭게 바라보는 기회를 얻게 되는 것이다. 여기에 지나간 과거가 먼저 자리를 차지하게 되면 새로운 기회는 잡을 수 없다. 모든 것에서 그렇다. 상대를 과거의 틀로만 바라보고 새롭게 볼 기회를 잘라버리면 관계는 과거지향적이 되어버린다.

우리의 경험을 고정된 틀로 해석해 복잡성을 줄이는 것은 의미가 있고, 그것은 삶에 있어 중요하다. 이때 인간관계는 위험한 줄타기를 하게 된다. 관계는 활기를 잃고 딱딱해질 수 있기 때문이다. 하지만 고정된 틀을 부여하지 않는 것도 사실상 불가능하다. 상대방은 언제나 내가 생각하는 그 사람이어야 하기 때문이다. 이것이 인간관계의 역설이다. 분명하게 고정된 해석들과 고정 될 수 없는 새로운 것 사이에서 관계의 모순이 드러난다.

"세바스찬이 아침을 먹고는 치우지도 않고 바로 사라지면 화가 나서 미칠 것만 같아요. 그러면 바로 떠오르는 생각이, 그이는 늘 게으르고 직업적으로 성공 못한 찌질이라는 거예요. 생활을 윤택하게 만든 건 바로 나라구요. 내가 열심히 과외를 한 덕분이죠."

카린은 이렇게 말했다. 남편은 집안일을 거들떠보지도 않으며 그저 편하게 사는 사람이다. 카린에게 남편에 대한 생각은 굳어졌다. 이런 원망이 갑자기 사라진 것은 근사한 알프스 여행을 하면서였다. 세바스찬은 밝고 명랑하게 여행 분위기를 이끌었고, 카메라로 정말 멋진 사진을 찍었으며, 운전할 때는 아내의 감정을 고려해 썩 어울리는 음악을 골랐다. 이때 카린은 왜 자신이 이 해맑은 남자를 선택했는지 깨달았다. 남편은 그 누구보다도 우울한 그녀를 즐겁게 해주는 사람이었다. "그이랑은 정말 따분할 일이 없어"라고 말하면서 그녀는 남편이 언제나 아이들을 위해 흥미로운 오락거리를 만들어낸다는 걸 기억했다.

이렇듯 해석은 변한다. 특히 나이 들면서 변화된 생활환경 때문에 상대방의 어떤 특징들이 분명하게 나타나는데, 이는 파트너들에게 새로운 파트너십을 요구한다. 요세파를 숨막히게 했던 남편의 엄격한 성격도 시간이 지나면 건강하고 단단한 능력으로 다시 보일 수 있는 것이다.

우리는 흔히 고정된 틀 속에 상대를 가둔다.
'그이는 쪼잔해.' '그녀는 까칠해.'
상대방은 언제나 내가 생각하는 그 사람이어야 하는 것이다.
고정된 생각은 결국 고정된 관계를 만든다.

나는 이다와 헨리를 각기 만나 대화를 나누어보았다.

저자 : 보통 부부들은 결혼생활에 대해 자신들만의 해석을 가하는데, 당신 부부는 어때요?

헨리 : 아내와 내 경우는 위의 사례들과는 많이 달라요. 또한 우리는, 최소한 나는, 끊임없이 우리 결혼생활을 해석하지는 않았어요. 우리는 관계가 변화한다고 생각했고, 실제로도 그랬어요.

그런데 내 부모님의 경우는 이 책의 부부들 사례와 비슷하더군요. 부모님도 당신들의 결혼이 잘못되었다는 것을 알았지요. 아버지는 큰 소리로 결혼이 당신 인생의 가장 큰 실수였다며 화를 내곤 했어요. 내가 자랄 때 집안 분위기가 어땠는지 상상할 수 있을 거예요. 어머니는 뒤에서 몰래 울었지요. 이혼 같은 건 꿈도 꾸지 못했고요. 그 시절에 여자들은 남편에 종속되어 있었고, 이혼은 여자들에게 불리했잖아요. 정말이지 우리 집안은 편안하지 않았어요. 어머니는 아주 겁이 많고, 아버지는…… 말이 없고 손님을 초대하려 하지도 않고, 어머니께는 부하직원을 대하듯 말을 하셨죠. 화가 나면 입버릇처럼 “결혼이 인생의 가장 큰 실수”라고 했어요. 뭔가 당신 맘에 들지 않으면, 예를 들면 거실이 깨끗하게 청소가 되어 있지 않으면요.

하지만 아내와 내 경우는 달라요. 서로 안 맞는 부분들이 많이 있긴 했어도 한 번도 헤어진다는 생각은 안 했어요. 그건 불변의 법칙 같은 거였죠. "우리 결혼은 깨지면 안 돼"라고 둘이 말하곤 했어요.

내게는 다른 과거가 있어요. 겨우 23세에 첫 번째 결혼을 했거든요. 그 결혼은 내가 외도를 하는 바람에 깨졌어요. 전처가 나중에 자살을 기도했는데, 그때 정신이 퍼뜩 들더라구요. 결혼이란 것, 타인을 선택한다는 것, 책임을 진다는 게 무슨 의미인지요. 아마도 이런 깨달음이 결혼에 대한 생각을 단단하게 해준 거 같아요.

이다와 사랑에 빠지고 재혼을 결정할 때 계속 첫 번째 결혼과 비교해서 스스로에게 묻게 되더라고요. 예전처럼 되지는 않을까? 평생 이 여자에게 충실할 수 있을까? 내가 여자들에게 쉽게 유혹당하는 사람이라는 걸 알기 때문이었어요. 그런데 이다는 달라 보였어요. 나는 우리 결혼이 위험에 빠지지는 않을 거라고 느꼈어요. 그러나 현실은 달랐어요. 내가 정조를 지키지 못했으니까요. 유감스럽지만, 그때 나는 이런저런 핑계들을 갖다 붙였어요. '비록 외도를 하고는 있지만 아내와 나의 관계에 다른 여자는 결코 침범할 수 없어.' 이런 생각이 내가 육체적으로 딴 짓을 할 수 있다는 말은 아닌데……. 참 어리석었지요.

난 이다를 특별한 사람으로 생각했어요. 다시는 이런 여자를 만나지 못할 거라고 예감했지요. 그런데 내가 외도를 할 때는 이런 생각이 들었어요. 아내를 존경하지만 더는 그녀와 사랑에 빠질 수 없고, 성애의 대상이 아닌 강한 여자라는 생각이요. 나는 그때 부드러운 식물 같은 의존적인 여자들에 대한 욕구가 있었던 거 같아요. 그건 외모에도 적용되죠. 이다는 뚱뚱하지는 않지만 체격이 있는 편이죠. 한동안 정말 나는 하늘하늘 가녀린 여자들을 갈망했어요. 하지만 이젠 옛날이야기예요. 이제는 그런 느낌조차 없어요.

그러니까 결국 깨질 수 없는 결혼, 우리의 불변의 법칙은 그대로 지켜진 거지요. 그러나 변화는 있었어요. 좀 유치하게 말하자면 가끔 욕정에 휘말린 적은 있어요. 가장 심각했던 경우는 아내가 다른 남자와 사랑에 빠졌다고, 자기도 나처럼 자유를 누리겠다고 고백했을 때예요. 난 모든 게 끝났다고 생각했어요.

내가 아내를 바라보는 시각이 늘 변하기는 했지만 아내가 그렇게 변한 것은 정말 공감하기 힘들었어요. 결혼 초기에 그녀는 '강한 여자'로 엄청난 장점을 갖고 있었어요. 어린 첫 번째 아내와는 완전히 다른 여자였지요. 전 아내는 변덕이 심하고 미성숙한 여자였는데 이다는 어른이었거든요. 하지만 내 마음이 질풍노도가 되면 이다를 다르게 보더라구요. 강하다는 해석 대신 '거칠고' '접근 불가능한' 여자라고 생각하게 되는 거지요. 내가 한 여자 친구에게 당시 우리의 힘든 결혼생활에 대해 말하니까 이다를 '무감한 여자'라고 표현하더군요.

저자 : 아내에게 계속 다른 해석을 하네요. 왜 그렇죠?

헨리 : '강하다-거칠다-무감하다'는 어감이 비슷하잖아요. 매일 마음 상태에 따라 아내가 조금씩 다르게 보여요. 분노에 휩싸이면 그녀는 욕먹는 대상이 되고, "이렇게 무감한 여자와는 행복해질 수 없어. 그러니까 난 다른 애인이 필요해" 이렇게 나가는 겁니다. 외도를 할 때는 아내가 '지루한 여자'로 보였어요. 살면서 그런 딱지를 붙여야 했던 너무 힘든 일들이 많았어요. 해석을 변화시키는 데 외도가 꼭 필요한 건 아니었는데…… 기분이 나쁘거나 성적으로 지루하거나, 혹은 화나는 일이 생기면 상대를 다르게 해석하게 되는 거예요.

그렇다면 이다의 경우는 어떨까?

저자 : 당신의 '해석'은 결혼생활을 변화시켰나요?

이다 : 물론 그럴 수 있어요! 난 우리 결혼이 거친 소용돌이에도 끄떡없다고 생각했어요. 내가 관계를 안전하게 해주는 '닻'이었고, 지금도 그렇다고 말할 수 있을걸요. 아니, 아니에요. 난 멀미하는 승객을 보살피는 선장이에요. (웃음)

조금 과장해서 말한 거예요. 하지만 멀미로 사람이 죽지는 않아요, 배가 가라앉는 것도 아니고. 남편은 아주 여러 번 우리 결혼이 끝장났다는 느낌을 준 사람이에요. 모든 게 잘못됐고, 이런 게 틀렸고, 저런 게 나쁘고, 뭐 그런 식이었죠. 그럴 때마다 그를 바로 잡아 준 건 나였어요. 우리는 정말 많은 것을 함께했고, 우리의 자식뿐 아니라, 우리가 함께 이룩한 것들로 서로 결합되어 있으니까요. 남편의 외도 때문에 정말 깊은 상처를 입었지만 그렇다 해도 우리 결혼을 그토록 빨리 끝장 낼 수는 없다고 생각했어요.

남편은 젊은 시절의 이상을 참 잘 이용했어요. 이를테면 어떤 사람도 타인의 소유물이 될 수 없다, 뭐 이런 이상한 논리를 자기의 바람끼에 갖다 붙였지요. 그가 새벽 3시에 집에 들어올 때 그가 다른 여자와 자고 왔다는 걸 알고 있었고 상처를 받았지만 물어보지 않았어요. 우리는 결혼 초기에 정말 많이 싸웠어요. 남편은 그때 비밀이 아주 많았어요. 그렇지만 나는 거기에 신경 쓸 여력이 없었어요. 애들, 직장, 그리고 많은 일들 때문에 정말 여유가 없었거든요.

언제부턴가는 체념 같은 걸 하게 되었어요. 남편은 한 여자로는 만족할 수 없는 정력적인 남자라고요. 남편이 여자들에게 아주 매력적인 남자일 수 있다고요. 지금도 그렇고요. 그렇게 생각하니까 남편 문제를 좀더 편안하게 볼 수 있었고 넘어가기도 했던 거 같아요. 그는 여자들과 시시덕거리는 걸 정말 좋아해요. 그런데 이제는 좀 잠잠해지던걸요.

사랑은 숨 막히는 열정이 아니야.

사랑 그 자체는 사랑에 빠진 존재가 다 타버리고 남은 재란다.

그것은 많은 영원한 맹세를 남발하는 것도,

매일 매 순간마다 사랑을 나누고 싶어 하는 열망도 아니다.

한밤중 침대에 누워 그가 네 몸 구석구석에 키스하는

그런 공상에 잠겨 밤을 지새우는 것도 아니야.

그건 그저 사랑에 빠진 존재일 뿐이지.

아무리 멍청한 사람이라도 그런 건 할 수 있단다.

—

『코렐리의 만돌린』 중에서

4

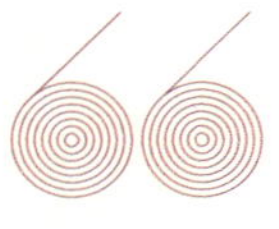

좋은 부부,
좋은 커플'이란
무엇인가?

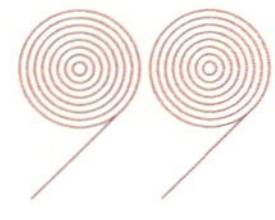

행복한 부부의
조건

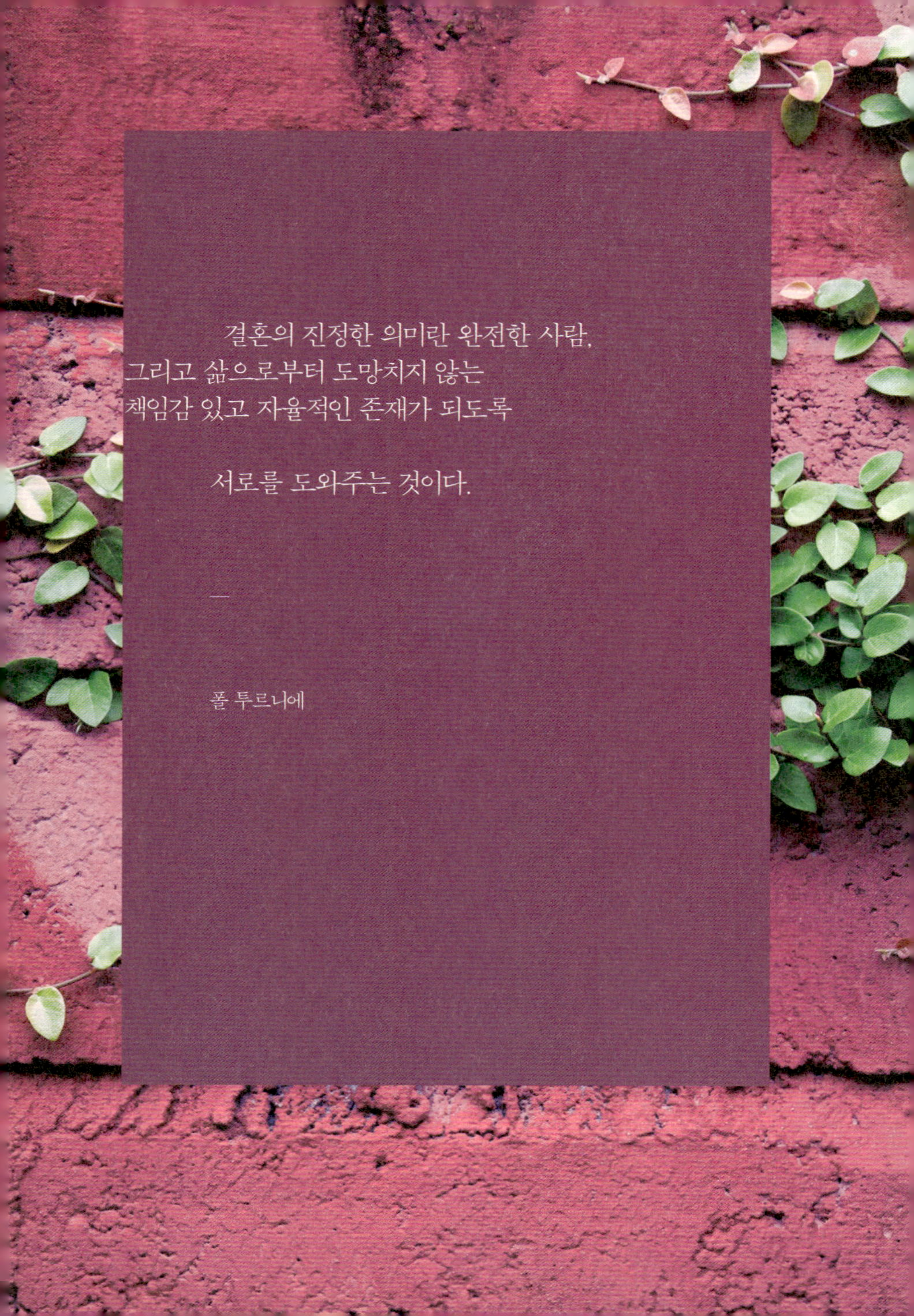
결혼의 진정한 의미란 완전한 사람,
그리고 삶으로부터 도망치지 않는
책임감 있고 자율적인 존재가 되도록

서로를 도와주는 것이다.

—

폴 투르니에

좋은 부부란 무엇인가?

'좋은 부부'를 말할 때 우리는 흔히 '따뜻한 부부애를 갖고 살아가는 커플'을 떠올린다. 이는 뭘 의미할까?

좋은 부부를 보는 기준은 시대에 따라, 보는 시각에 따라 다를 수 있다. 따라서 이상적인 부부상이라고 받아들여지는 모델을 성급하게 적용해선 안 된다.

나이 지긋한 어느 부부 이야기를 해보겠다. 이 부부를 떠올릴 때마다 나는 진정한 부부가 무엇인지를 생각하게 된다. 이들이 과연 좋은 커플이었을까?

이 부부는 나의 어머니하고 친하고 나와도 잘 아는 사이다. 이들은 성공적인 결혼생활이 시대에 따라 얼마나 변할 수 있는가를 보여준다. 애니는 결혼 당시 20세로 재단사 일을 하는 여성이었고, 로비는 애니보다 20세 연상의 변호사였다. 부부는 서로 사랑했고 서로를 예찬했고, 죽을 때까지 변함이 없었다. 누구나 이들을 행복한 부부라고 말했다. 로비는 아내를 너무나 아름답다고 생각했고, 애니는 남편이 교양 있고 똑똑한 데다 바이올린 연주까지 잘한다며 경탄했다.

둘을 바라보는 지인들은 감동받곤 했다. 사실 애니는 미인으로 쳐줄 만큼 예쁘지도 않았고 로비의 연주 솜씨도 그다지 뛰어나지 않았다. 그러나 이들은 유행가 가사처럼 서로에게 "넌 내게 최고"였다.

로비는 부유한 집안 출신이었다. 두 사람은 편안한 소시민적 삶을 살았다. 물론 애니는 일할 필요가 없었다. 그녀에게 재단사 일은 그저 취미생활이었다. 로비는 아이를 원치 않았다. 시대가 너무 불안하다고 생각했기 때문이었다. 애니는 훌륭한 주부여서 요리를 잘했다. 친구들도 교양 있고 재미있는 사람들이었다. 두 사람은 그들 부모와 조부모가 살았던 것처럼 그렇게 살았다.

남편이 먼저 죽자 애니는 견딜 수 없이 슬퍼했다. 그러다가 조울증에 걸렸고(이전에는 이런 병을 앓은 적이 없었다) 곧 치매가 찾아와 간호를 받아야 했다. 로비의 부재는 애니의 삶의 능력을 완전히 앗아갔다.

습관적으로 바람피우는 남편, 순진한 아내

애니와 로비의 삶보다 아름다운 사랑은 없는 것처럼 보인다. 그런데 정말 그럴까? 다른 비밀은 없을까? 늘 한목소리로 '우리는 하나'라고 말하고, 어려운 시절을 함께 견뎌냈다고 해서 성공적인 부부생활이라고 할 수 있을까?

두 사람의 주관적인 눈으로 본다면 그들은 '모범 부부'이다. 그들 스스로 행복하다고 하지 않는가? 그럼 된 것이다.

하지만 몇 가지를 살펴보면 좀 이상하다.

로비는 알 사람은 다 아는 바람둥이였다. 그는 여자 친구들과도 '그 짓'을 했고 어떤 여비서도 로비 앞에서는 안전하지 않았다. 그렇지만 로비는 아내를 떠날 생각은 안 했다. 많은 여자를 만났지만 사랑에 빠진 적은 없었을 것이다. 단지 여자를 정복하려는 욕망뿐이었다고 할까.

애니는 이런 사실을 전혀 모르는 것 같았다. 그런 일을 입 밖에 낸 일도 없었고, 아는 사람들과 이야기할 때도 정조를 지키지 않는 남자들을 거세게 비난했다. 그녀가 남편의 외도를 알고 있었던 걸까? 아무것도 모르고 그렇게 행동한 걸까? 진실을 누가 알겠는가? 그녀는 부부생활에 만족했고, 심지어 로비의 잠자리 상대와 커피를 마시며 담소를 나누는 일도 꽤 있었다.

"이 얼마나 지저분한 일인가?"라고 말할 수도 있을 것이다. 그런데 이 부부의 경우에는 오늘날의 가치와는 다른 가치를 적용해야 한다. 로비에게 애니에 대한 사랑은 다른 여자와 비교할 수 없었다. 낯선 여자를 정복하는 일은 그에게 아무런 가치도 없었다. 몇십 년 전만 해도 남자가 아내를 두고 첩을 소유하는 일이 그

리 큰 죄는 아니었다. 하지만 오늘날 바람피우는 일은 비윤리적이
거나 심리적인 문제로 치부된다.

　두 사람의 지인들은 로비의 외도를 눈감아주지는 않았다. 친
구들은 로비의 외도를 놓고 심리학적인 분석을 하기도 했다. 혹시
이 부부의 성생활에 문제가 있었던 건 아닐까? 그런데 애니는 여
자 친구들과 섹스 이야기를 할 때면 부끄러워하면서도 자기는 만
족하고 있다고 했다. 로비가 결혼생활에 만족감을 느끼지 못했던
걸까? 그가 바람을 피울 필요가 있었을까? 혹시 애니가 따분했을
까? 바로 이 점이 '행복한 결혼생활'의 두 번째 비밀이다.

남편의 삶을
　　　　사는 아내

　애니는 겸손하지만 굉장히 순진하고 영리하지 못한 여자였다.

　예를 보자. 로비는 애니가 입을 옷을 정확하게 결정해준다. 애
니가 직접 만든 옷들인데, 로비가 특히 예쁘다고 생각하는 것들이
다. 로비는 바깥에서 우아한 여자들을 만나고 다녔다. 로비는 아
내가 화장을 할지, 어떤 날에 화장을 해야 할지, 머리를 염색해도
되는지 등을 모두 결정했다. 심지어 파란 톤으로 몇 가닥 머리 염

색을 하는 것도 허락하지 않았다. 애니는 별로 예쁘지도 않은 노
란 톤으로 염색한 머리를 하고 다녀야 했다. 그런데 로비는 그런
머리가 멋있다고 감탄을 했다. "너무나 자연스러워. 당신처럼 예
쁜 여자는 치장이 필요 없지."

애니는 여자 친구에게 이런 남편에 대해 말했다. 남편의 행동
이 불편했지만 저항은 하지 않았다. 남편이 그걸 원하니까……

로비의 견해가 그녀의 견해였다. 로비가 말하는 사회 문제와

서로 "넌 내게 최고"인 커플이 반드시 이상적인 부부는 아니다.
상대의 '자율성'을 인정해주는 부부, 즉 동등한 대화를 나눌 수 있고
각기 스스로의 삶을 선택할 수 있는 부부가 가장 이상적이다.

견해, 그리고 다른 사람들에 대한 신랄하고 폄하하는 말들 모두가 그녀의 생각이 되었다. 그들 사이엔 토론이 없었다. 로비가 죽고 애니가 무너지자 친구들은 누구도 놀라워하지 않았다. 그녀는 완전히 로비의 삶을 산 것이다.

애니의 태도는 사회적, 심리학적 측면에서 이 부부의 삶을 평가하는 데 새로운 관점을 제시해준다.

여성의 권리가 신장되면서 여성들은 남성의 그늘에서 벗어나려고 했고, 독립적으로 살고자 했으며, 스스로 삶을 결정하려고 했다. 이런 상황에서 애니의 종속적인 삶은 수상쩍은 것이 되었다. 애니 또래의 많은 여자들도 여성 권리 신장을 지지하고 있었기 때문이다. 모든 여자들이 투쟁적일 필요는 없었지만 남편이 머리 색깔과 립스틱까지 결정해주는 건 문제라고 여겼다. 그런데 애니는 순종했다. 그래서 로비가 더 우아하고 더 자의식 넘치는 다른 여자가 필요했던 거라고 사람들은 분석했다.

만약 애니가 로비의 외도를 알았다면 십중팔구는 혼란스러워서 정신과 의사를 찾았을 것이다. 그랬더라면 자신의 결혼생활을 그렇게 순진하게 찬양하지는 않았을 것이다.

우리는 애니를 보고 어떤 결론을 내릴 수 있을까? 애니의 행동은 현실을 잘못 판단해서 벌어진 일이다? 그렇지 않다. 애니의 행동이 잘못된 것이라고 말할 수 있으려면 성공적인 삶과 성공적인 부부에 대한 기준이 절대적이어야 한다.

상대의 자율성을 존중해야 좋은 부부다

　'이상적인 부부'가 되려면 몇 가지 기준에 부합해야 한다. 가장 중요한 덕목은 '자율성'을 인정하는 부부여야 한다는 것이다. 이는 어떤 압박이나 타인의 영향을 받지 않고 자기 스스로 삶을 결정하는 관계이다. 부부관계도 억압과 구속에서 해방되어야 한다. 각자는 동등한 대화를 통해 자유로운 결정을 내릴 수 있어야 한다. 대화, 동등한 권리, 신뢰, 이것들이 성공적인 부부관계에 필요한 조건들이다.

　애니와 로비의 관계는 오늘날이라면 정신과 치료가 필요한 부부라고 비하될 것이다. 누구도 이런 부부를 '행복'하다고 보진 않는다. 그러기에 애니는 너무도 가련한 희생양처럼 보인다. 로비도 그 자신은 몰랐을지 몰라도 부부의 동등한 권리를 얻은 사람은 아니다. 그가 희생양은 아니었다 해도 아내의 삶을 가련하게 만든 가련한 남편이다.

　그렇다면 성공적인 부부관계란 무엇을 말하는 걸까? 그 절대적 기준이 있을까?

　정해진 사회적 기준을 흔드는 건 어렵다. 흔히 다음과 같은 주장들이 나온다. "여성들은 스스로 결정하고 행동해야 한다." 또

"남성들도 여성적인 면들을 배우고, 계속되는 대립 속에서도 남녀 각기 권리를 얻기 위해 노력해야 한다." 다시 말해 각자 입장에서 최선의 노력을 하며 서로 '거리를 두자'는 것이다.

이런 주장을 따라가다 보면, 성공적인 부부관계의 기준을 찾기가 어려워진다. 도대체 이기주의의 경계는 어디란 말인가? 상대방의 욕구를 채워주기 위해 어디까지 자신을 희생해야 하는가?

오늘날 사회적 견해에서 볼 때 애니와 로비의 결혼생활을 행복하다고 보기는 힘들 것이다. 나는 어머니의 친구들이 애니 부부를 두고 잘잘못을 따지는 광경을 많이 보았다. 어린 여대생이었던 나는 여성 권리를 옹호하는 입장이었고, 나의 학업도 과거 여성들보다 더 많은 자유와 권리를 누리게 해줄 과정이라고 생각했다. 그래서 나는 애니 부부의 결혼생활이 '완전한 위선'이라고 생각했다. 이런 나의 견해는 당연히 엉터리였다.

커플마다
관계 맺는 방식은 저마다 다르다

이런 문제를 다룬 요즘 책들을 읽어보면 같은 이야기를 되풀이하면서 장황한 설교를 늘어놓는다. 거리를 두는 것과 친밀함을

유지하는 것 사이에 균형을 잡아야 한다느니, 타인의 특성을 존중해야 한다느니, 정직해야 한다느니, 문제를 대화로 해결해야 한다느니, 결속되어 있어야 하지만 개인의 자유가 있어야 한다느니, 성생활 문제도 함께 노력해야 한다느니 등의 주장들이다.

이런 견해도 있다. "때로 침묵할 수 있고, 성공적인 부부관계를 유지하려면 합리적으로 생각하는 것이 중요하다." 킴은 성공적으로 결혼생활을 유지하기 위해 여자는 힘들게 일한 남편의 기분을 즐겁게 해주고, 자신의 욕구보다는 남편 기분에 맞추어 분위기를 만들어야 한다고 생각한다.

이처럼 다양한 생각이 가능하다. 왜냐하면 케케묵은 소리 같은 킴의 생각도 부부관계를 유지하기 위해 필요한 태도이기 때문이다. 물론 성공적인 관계를 위해서는 각자 똑같이 노력해야 한다고 주장할 수 있다. 하지만 현실은 다르다. 특히 나이 든 부부의 경우, 여성의 권리만을 대놓고 주장할 수 없는 많은 문제들이 있다.

큰 위험이나 위기 없이 살아온 부부들에게 중요한 것은 언제나 균형을 유지하는 일이다. 과거 시대를 그렸던 영화나 드라마, 소설들을 보면 이런 면을 잘 보여준다. 부부생활은 각 부부의 상황에 맞게 만들어가는 것이다. 지금보다 규범이 더 확고했던 시대에도 그랬다. 그런데 오늘날에는 관능적인 욕구와 사랑 같은 감정 문제까지 부부관계에서 중요한 요소로 떠오르면서 상황이 훨씬 복잡해졌다.

함께 극복한 위기가 실제로 커플을 단단하게 묶어줄까? 서로

좋은 부부는 자율성을 서로 인정하며
동등하게 살아간다.
한 사람의 압박이나 영향력으로
유지된다면 좋은 관계가 아니다.

다른 일을 하느라 많은 시간을 떨어져 생각하고 느끼는데 '함께하는 세계'를 만드는 일이 그렇게 쉬운가? 이런 상황에서 '친밀감'과 '거리감'의 균형을 어떻게 유지하란 말인가? 지금은 자식들이 부모에게 생활비를 대줄 의무도 점점 사라지고, 자식들은 그저 부모의 체면을 올려주고 행복감을 주는 존재다. 이런 시대에 자식들은 어떤 의미인가? 많은 연구결과들은 '자식들이 주는 행복'이 점점 약해지고 있다고 밝히고 있다. 이상과 실상은 매우 다른 것이다. 아이 돌보기에 집중할수록 남편(아내)에게 소홀해지며, 부부관계가 멀어지는 결과까지 빚어진다.

남편의 외도 이후,
어떻게 살아야 하나?

나이 들수록 결혼생활이 성공적으로 바뀌는 사람들도 있다. 젊었을 때는 서로 '다른 세계'가 많아 다투고 벽이 많았는데 나이 들면서 이런 것들이 허물어지기 때문이다. 반대로 '다른 세계'라는 방패가 사라지면서 거리와 친밀감의 균형을 찾지 못해 서로 신경만 건들게 되는 부부도 있다. 이런 위기들을 극복하면 좋은 거리감을 만들어낼 수 있다. 이 거리감은 파트너에게도 본인에게도 새롭고, 또 긍정적으로 작용한다.

마리타는 결혼생활의 위기에 대해 말한다. 그녀의 관점은 조금 있다가 등장할 게르트와는 또 다르다. 두 여자가 겪은 위기는 자신과 남편에게 약이 되었다.

남편 로베르트가 마리타를 배신하고 다른 여자와 사랑에 빠져 이혼을 요구한 일은 그들의 관계를 크게 바꿔놓았다. 남편은 결국 돌아왔지만 그녀는 남편을 믿지 못하게 되었다. 남편의 애인은 다른 남자들과도 계속 관계를 가졌고, 이 일로 남편은 애인과 결별하게 된 것이다. 남편이 애인과 헤어지지 않았다면 마리타에게로 다시 돌아왔을까? 마리타는 영리해서 이 문제에 집착하지는 않았다. 하지만 남편에 대한 믿음이 회복되지 않았다. 커다란 흠집이 생긴 것이다.

그러다가 남편이 암에 걸렸다. 병이 회복되긴 했지만 몸이 약해져서 남편이 자신을 떠나는 일은 없을 거라며 마리타는 약간 비꼬면서 말했다. 그런데 조금이라도 상황이 달라졌다면 어떻게 되었을까? 예를 들어, 애인과 다시 만났거나, 남편이 암에 걸리지 않았다면?

마리타는 가끔 결혼기념일 10주년을 그리워한다. 그때는 남편을 믿었고, 남편 품에 안겨 춤을 추었다. 손님들은 우리 부부에게 미소를 보냈다. 그때는 불행해지는 일은 결코 없을 거라고 믿었다. 자신이 아름답고 섹시하고 우아하다고 느꼈고, 남편도 그렇게 봐주었다. 인생의 절정이었다.

그런데 추락하는 데는 시간이 그리 오래 걸리지 않았다. 남편이 바람나서 방을 얻어 나가자 마리타는 홀로 가정을 꾸려야 했다. 아이들, 학교 문제, 그녀의 일 모두가 그녀 하기에 달렸고, 로베르트는 없는 사람이었다. 이렇게 홀로 보낸 시간이 5년이었다. 시간이 흐르자 그녀에게도 위로해주는 남자가 생겼다. 그 남자를 정열적으로 사랑하지는 않았지만, 남편에게 온갖 상처를 받고 난 후에 다른 남자에게 사랑받는 느낌은 좋았다. 그는 지금도 그녀에게 아주 좋은 친구다.

궁극적으로 결혼생활의 위기는 그녀에게 자신감을 주었다. 그렇다면 남편에 대한 신뢰는? 지금은 남편과 살면서 함께 일상을 즐기고, 남편의 암이 재발하지 않기를 바라지만, 남편의 외도 이후로 어린애 같은 순진한 신뢰감은 없어졌다. 이렇게 관계에 대한 환상을 버리는 게 좋은지 그녀는 잘 모르겠다고 한다. 그런 것 같기도 하고 그렇지 않은 것 같기도 하다.

"친구들이 문제를 이야기해줄 때도 그렇고, 이제 나는 인생을 다르게 봐요. 예전엔 문제점에 꽉 붙들려 살았는데, 이젠 그러지 않아요. 이렇게 생각하죠. '1년 후엔 모든 게 다르게 보일 거야.' 그렇게 생각하면 거리를 두게 되고, 좋아질 수 있는 여지가 많죠. 또 한편으론 내 감정이 좀 없어진 것 같기도 해요. 남편 없이 산 세월이 나를 그렇게 만들었나 봐요. 그이를 대할 때는 훨씬 이성적이

되었다고 할까요? 그가 변덕을 부리면 슬그머니 자리를 피하고, 나를 지배하려고 들면 가만있지 않아요. 남편도 바뀌었지요. 나를 많이 존중해줘요. 이제 난 어리고 순진한 여자가 아니에요. 그런 면이 긍정적이에요.”

게르트의 위기는 마르타와는 다르다. 그녀는 남편 파울이 결혼생활을 끝낼 수 있을 거라고는 믿지 않았다(남편 애인의 자살로 끔찍했던 나날들을 제외하면). 남편은 부부생활뿐 아니라 자신의 운명과도 떨어질 수 없는 사람이라고 생각했기 때문이다.

“둘이 함께 세운 인생 계획을 둘 다 철저히 믿고 있었어요. 위기 때마다 남편은 항상 나를 필요로 했구요.”

나는 게르트에게 물었다. 아내 앞에서 여자 문제로 펑펑 우는 남편을 경멸하지는 않았냐고. 그녀는 “아니에요”라고 잘라 말했다. 남편의 행동은 그녀에 대한 깊은 신뢰감이나 유대감을 보여주는 거라고 생각한다고 그녀는 말했다. 또 자신이 갖고 있는 영리한 측면을 보여주었다.

“남편과 살다 보면 가끔 연인이 되기를 포기해야 할 때도 있어요. 대신 어머니가 되는 거죠. 둘 사이에 기본적인 믿음이 있을 때 그래요. 그러다가 다시 남편과 아내 관계로 돌아오는 거죠. 모든 걸 정신과 의사에게 털어놓아서는 안 된다고 봐요. 잠깐 시도해보았는데 아주 안 좋았어요. 젊은 여의사가 계속 조언하는 것이라곤 ‘당신은 남편에게 엄마 역할을 하고 있을 뿐이에요’, ‘당신의 결혼은 끝났어요' 이런 거였어요. 아주 형식적이었죠. 이제 난 알아요. 상황이 언제고 달라질 수 있다는 것, 사람마다 다르다는 것을요. 그 의사는 그걸 이해 못 한 거죠."

결혼생활의 위기를 겪은 두 남편들은 뭐라고 말할 수 있을까?

사실 그들은 아무것도 말하지 못한다.

로베르트는 이제 더는 그 사건에 대해 깊이 생각해서는 안 될 거 같다고 말했다. 파울의 경우는 아내에게 큰 고마움을 느낀다고 말했다. 당시 직장 일이 너무 고되고 힘들어서 벌어진 일이었으며, 이제 그런 일을 저지른다는 건 상상도 할 수 없다고 한다. 아내와의 지금 삶에 만족하고 있으며, 오래전부터 그렇다고 말했다.

관계에 대한 냉정한
거리 두기가 필요하다

나는 부부들에게 이렇게 질문한다. "결혼생활을 오래 했는데도 극복해야 할 문제가 또 생기나요?" 그러면 하나같이 "너무 많아서 문제"라고 말한다.

2장에 등장하는 그레테가 남편의 병 구완을 잘 못 한다 해도 남편은 결혼생활이 나빴다고는 결코 말하지 않을 것이다. 지금 불행하다고 말하지도 않을 것이다. 그는 지금 아내의 우울증을 이해한다. 그 자신의 상태도 썩 좋지 않다. 그런데도 그들에게는 좋은 시간들이 있다. 옆에 개를 앉히고 평화롭게 텔레비전을 보며 와인 한 잔을 놓고 옛 추억을 이야기하는 시간들……. 이럴 때 아내의 우울한 기분은 사라진다. 이런 순간은 옛날 같다. 그러나 미래는? 두 사람은 현실적으로 그들의 미래를 아름답게 보지는 않는다. 또 무슨 일이 일어날까? 좋은 일도 나쁜 일도 생길 것이다.

부부에게 찾아오는 어려움은 의견 차이와 다툼, 질병, 성적 갈등, 예기치 않은 사건으로 인한 불화 등 열거하면 수없이 많다. 이 모든 것이 부부의 상황을 변화시킬 수 있기 때문에 좋든 나쁘든 문제가 해결되어야 한다.

부부생활을 잘 꾸려가기 위해서는 무엇이 필요할까?

첫째는 거리를 두는 것, 둘째도 거리를 두는 것, 셋째도 거리를 두는 것이다. 자신으로부터 거리를 두고, 규범으로부터 거리를 두고, 환상으로부터 거리를 두고, 파트너로부터 거리를 두는 것이다.

자신으로부터 거리를 두는 것이 가장 어렵다. 이 말은 자신을 세상의 중심에 두지 말라는 뜻이다. 이런 생각은 아주 이성적인 사람에게나 가능한 일이다. '거리 두기', 진짜 그렇게 살고 느낀다는 것은 무엇일까? 이를 실천하는 일은 인생에서 가장 어려운 과제이다. 그러나 이를 받아들이고 실천할 수 있다면 인생의 수많은 어려움을 해결할 수 있다. 부부관계에 있어서는 더욱 그렇다.

좋은 부부,
좋은 커플이란
무엇인가?
—
행복한 부부의
조건

5

아직도
내게
화나 있는 거야?

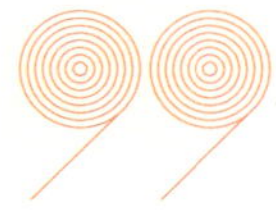

용서와 화해에
관하여

어리석은 사람은
용서하지도 잊지도 않는다.

　　순진한 사람은
　　　용서하고 잊는다.

현명한 사람은
용서하지만 잊지 않는다.

　　　—

　　토머스 사즈

　　나는 부부들에게 먼저 묻는다. 상대방을 용서할 일이 있느냐고. 첫 반응은 대개 당황스러운 표정들이다. 그러곤 "아, 그건 이미 지난 일이고 이젠 거의 다 잊었어요" 하고 말한다. 그러다가 "다 잊은 건 아니고…… 지금이라면 다르게 행동했을 텐데……"라며 말을 흐린다.

　　이야기를 조금 더 나눠보면 아직도 상처가 깊이 남아 있으며, 그 상처가 아물지 않았음이 살짝 드러난다. 어느 정도는 극복됐지만 완전히 용서한 것은 아니다. 잊었다면 다행이지만 마음 깊숙이 불신이 남아 있는 것은 숨길 수 없다.

　　마틸다와 라이너의 경우가 그랬다. 마틸다는 남편의 이해할 수 없는 행동들에 대해 이렇게 말했다.

　　"난 이제 순진하지 않아요. 결혼 초기에는 순진했죠. 남편이 1년에 한두 번쯤 숲속 별장에서 침묵 수련이 필요한 사려 깊은 사람이라고 생각했어요. 그랬을 수도 있지요. 그런데 분명한 건 혼자 한 게 아니라 다른 여자와 했다는 거죠."

　　이렇게 말하면서 경멸적인 웃음을 지었다.

　　"그런데…… 다 지나간 일이에요. 지금은 그때보다 좋아졌어요. 이제 세월도 흘렀고 저도 나이를 먹었으니까요. 그리고 남편의 그 여자도 풍상을 겪었지요. 우리 부부는 엄청나게 싸운 다음에 이 외도 사건에 대해선 입에 올리지 않아요."

이런 결말은 용서가 아니다. 그렇다면 누군가를 '용서한다'는 것은 무엇일까? '용서하기'와 '덮어버리기', 그리고 '덮어버리기'와 '그냥 잊는 것'에는 어떤 차이가 있을까?

사람들은 '잊는다'는 말을 아주 쉽게 하며, 그 뜻을 간단하게 생각한다. 그러나 이 말에 복잡 미묘한 심경이 숨어 있을 경우, 전문가들도 그 의미를 파악하기 힘들다. '잊는다'는 의미는 보통 '창피하고 고통스러운 일이 의식에서 사라지는 것'이다. 그런데 뭔지는 정확하게 모르지만 불편함이 남아 있다. 예컨대 잊지 못하는 사건이나 사람이 연상되면 마음이 불쾌하거나 무척 혼란스러워지는 경우이다. '외도'와 관련된 일이 떠오르면 남편이 죽도록 미워지거나, 그 이야기만 나오면 눈물이 주룩주룩 흐른다.

단순히 잊는 것은 마음에 부담도 없고 어떤 나쁜 뒷맛도 없다. 그런데 자신은 잊었다고 생각했는데 옛일이 떠오르면 고통스러울 때가 있다. 내적 갈등을 그대로 두고 문제를 덮어놓았을 때 그런 감정이 생긴다. 사람의 심리란 복잡해서 용서하지 않고 덮어버리면 그 감정은 남아 있게 마련이다. 따라서 '용서'란 짐이 되었던 어떤 일이 다시 떠오를 때 행할 수 있는 일이다.

분노가 남아 있다면
용서한 것이 아니다

심리치료 전문가로서 나의 오랜 상담 경험은 용서와 관련된 부부 문제를 보다 정확하게 볼 수 있게 해주었다.

함께 사는 부부의 경우, 좋든 싫든 서로 자주 상처를 주거나, 적어도 그런 체험을 많이 한다. 어떤 일들이 진짜로 용서되었는지 알아내려면 정확히 귀 기울여야 한다. 용서가 되었다는 수많은 이야기를 들어보면, 그 밑바닥에는 여전히 커다란 분노가 깔려 있다. 따라서 평범한 일상을 보내면서도 분노가 남아 있지는 않은지 마음을 들여다봐야 한다.

레오니와 루돌프의 경우가 그랬다. 레오니의 친정어머니가 몸져 누었을 때 루돌프는 한 살배기 딸을 단 며칠도 봐주지 않았다. 그런 남편에 대해 말할 때면 지금도 레오니의 얼굴은 딱딱하게 굳는다. 멀리 떨어져 사는 올케를 불러야 했기 때문에 레오니는 항상 아픈 엄마한테 늦게 갈 수밖에 없었다. 그런데 늦게 간 사이에 작별 인사도 못 나누고 엄마가 돌아가셨다. 지금 레오니는 '잊었고' '용서했다'고는 말하지만 남편의 이기심과 소홀함에 대해 말할 때면 분노에 휩싸인다. 내게 치료받으러 올 때마다 레오니는 남편을 힐난했다.

다른 부부는 어떨까? 에이미는 재미있는 이야기꾼이다. 특히 많은 사람들 앞에서 그렇다. 그녀가 수술을 받을 때 남편 브루노가 어떻게 행동했는지를 아주 위트 있게 말한다. 그러면 그녀의 얘기에 모두가 웃는다. 그러나 단 한 사람, 브루노는 아내의 이야기가 즐겁지 않다. 자신의 흠을 들켰기 때문이다.

이는 오래전 일인데도 지금 남편의 많은 면을 알게 해준다. 에이미는 수술을 앞두고도 비교적 침착했다고 웃으며 이야기한다. 그런데 수술이 시작되기 몇 시간 전에 남편이 점점 불안해하더니 병원 냄새 때문에 너무 어지럽다며 흥분해서 말했다. 더는 견딜 수 없고 금방이라도 토할 것 같다는 것이었다! 결단력 있는 에이미는 간호사를 불러 신경안정제를 달라고 부탁했다. 간호사는 그녀를 달래며 말했다. 마취하기 전에 좋은 약을 곧 받게 될 것이며, 곧 진정될 거라고. "아뇨!" 하고 에이미는 외쳤다. "내가 아니고 남편 거요!" 에이미는 남편이 스트레스를 받으면 늘 정신을 못 차리고 불안해한다는 걸 익살스럽게 말했다.

'용서되어야 하는 것'이 무엇일까?

사람들이 겪는 사건이나 일에서 핵심적인 것이 있다면, 그것은 계기가 아니라 어떤 '느낌'이다. 상처받은 사람은 자신이 무시당했다고 '느끼거나' 존중받지 못했다고 '느낀다'. 파트너가 자신을 속이면 자신이 가치 없고 존엄성이 훼손되었다고 느낀다. 다른 사람의 주목을 받지 못했다는 느낌이다. 이럴 때 타인은 그걸 알

우리는 어떤 '느낌'에 의해 상처받는다.
상처받은 사람은 파트너에게 무시당했다고 '느끼거나'
존중받지 못했다고 '느낀다'.
파트너가 자신을 속이면 자신이 가치 없고, 자신의 존엄성이
훼손되었다고 느낀다.

아챌 수도 없고, 이런 커다란 감정적 손실이 문제가 된다. 우리를 상처받게 하는 모든 문제는 이런 식으로 드러난다.

나는 상담 의뢰인들에게 "상대를 용서할 수 없는 일이 있다면 뭔가요?" 하고 분명하게 물어본다. 많은 부부들이 이렇게 대답한다. "그 동안 많은 일들을 겪었고, 이젠 용서할 수 있어요. 모든 게 다 나쁘지는 않았으니까요." 그래도 나는 개의치 않고 집요하게 물어본다.

그러자 울리히가 마침내 입을 연다. "내가 아내를 용서할 수 없는 것은요……."

"나는 첫 직장에서 아주 불행했어요. 다른 일을 하고 싶었지요. 근데 아내가 그걸 싹 무시했어요. 아내는 날 도와줄 수 있는 형편이었어요. 장인 장모도 잘살고 그녀도 생활비 정도는 벌었거든요. 내가 다른 일로 공백이 생긴다 해도 그 시기를 충분히 넘길 수 있었어요. 그런데 아내는 남한테 도움 받는 걸 싫어해요. 친정 부모한테 도와달라고 말할 생각이 전혀 없었죠. 언제나 내가 직장과 타협해야 한다고 생각했고, 선생이라는 직업이 나를 얼마나 힘들게 하는지 전혀 이해하지 못했어요. 어느 날 아내는 교육학이나 강의법이 담긴 도서목록을 보란 듯이 걸어놓기도 했어요. 보고 배우라 이거죠. 그런 짓들이 내게 상처를 줬어요."

나는 울리히에게 물었다. "그렇게 마음의 상처를 받았는데, 어떻게 같이 살 수 있었나요?" 당시 울리히는 운 좋게도 교재 출판사에 들어갈 기회를 잡게 되었다고 했다. 일은 적성에 맞았다. 그래서 저절로 다른 문제는 뒤로 밀렸다.

지금 두 사람은 많은 걸 함께 하는 좋은 짝처럼 보인다. 어쨌거나 둘은 지금 도시 변두리의 작은 집에서 일상을 즐기며 산다.

결혼생활을 하다 보면 상대방을 무시하거나, 전혀 이해 못 하겠는 일들이 생긴다. 종종은 두 가지 일이 모두 벌어진다. 특히 한쪽의 인생을 망가뜨리는 용서할 수 없는 순간들도 있고, 결코 용서할 수 없을 것 같은 행동도 있다. 또한 상대방에게 소홀하게 취급받아 쓸쓸해지는 순간도 있다. 이런 '상처 목록'은 수많은 부부들이 안고 사는 삶의 부스러기 같은 것들이다.

더는 아프지 않을 때
비로소 용서한 것이다

마음의 상처는 자신이 이해받지 못하고 제대로 평가받지 못했다고 느끼게 한다. 그래서 상대방이 아무 감정도 없고, 감정적으로 무딘 사람이라서 그와(그녀와) 감정이입을 할 수 없다고 생각한다.

너무 쉽게 상처받는 사람들도 있다. 예를 들어, 온 세상이 머리부터 발끝까지 자신만을 이해하고 존중해야 한다고 생각하는 나르시시스트들이 그렇다. 그들은 타인과 관계 맺을 줄 모르거나 사랑의 실패가 두렵기 때문에 자신과 사랑에 빠지는 편을 선택한다. 상대가 나르시시스트라면 정말 오만 정이 다 떨어지게 마련이다.

기젤라는 그런 유의 사람이다. 분명 남편은 그녀에게 노력을 많이 한다. 그렇지만 그녀가 보기에, 남편은 제대로 할 줄 아는 게 별로 없다. 그녀는 남편한테 이해나 존중받았다고 느낀 적이 한 번도 없다. 어느 날 기젤라가 아파 누웠을 때 남편이 시장에서 커다란 튤립 다발을 사 들고 왔다. 그녀는 전혀 유쾌하지 않다는 듯이 말했다. "시장에서 파는 싸구려? 포장도 없잖아!" 놀랍게도 그녀는 시장 물건이라는 사실에서 상처를 받았다. 스스로 상처 받고 상처가 너무 두려운 나머지 상대의 마음을 조금도 헤아리지 못하는 것이다.

부부생활을 하다 보면 아주 깊은 상처들이 생긴다. 울리히가 아내 에바한테서 이해받지 못했다는 느낌은 어쩌면 당연하다.

남편이 출판사에서 만족스러운 직업을 갖게 된 것이 에바는 지금도 행운이라고 생각한다. "당신이 건축가(그가 꿈꾼 직업)로 성공했을지는 의문이야." 에바는 가끔 이런 말로 남편 속을 뒤집어 놓는다.

그들이 결혼의 위기를 맞았을 때도 서로 깊이 이해하지 못하는 중요한 문제가 숨어 있었다는 것을 그녀는 알아채지 못했다. 그들은 결혼생활을 유지하고는 있지만, 마음이 약한 울리히는 상처받은 후부터 아내에게서 거리감을 느낀다. 그는 아내와 사는 것이 '의리' 때문이라고 말했다.

그들은 변두리 작은 집에서 평범하게 어느 정도 함께하는 생활을 만들어냈다. 그러나 울리히는 아내를 혐오했다는 이야기를 들려주었다. 아내가 거칠고, 천박하고, 돈만 아는 여자로 느껴졌다고 한다. 그 당시 그는 줄기차게 이혼을 하려 했다고 한다. 하지만 두 딸이 내내 마음에 걸렸다.

그런데 지금은 아내의 몰이해를 용서한 것일까?

아직도 그건 쉽지 않다고 울리히는 말한다. 피상적으로 말하면 용서할 수 있다. 왜냐하면 더는 마음이 아프지 않으니까. 서로 상처를 주며 싸웠던 당시의 감정은 이제 많이 희미해졌다. 그뿐이 아니다. 세월이 흐르면서 그는 '동전의 다른 면'을 보는 법을 배웠다. 아내가 가진 다른 면 말이다. 아내의 물질적인 성향은 곧 세상을 현실적으로 보는 또 다른 장점이었다.

울리히가 성공한 건축가가 되었을 거라고 장담할 수 있을까? 그리고 지금보다 더 만족한 삶을 살 수 있을까? 이런 가정을 해보면 모든 게 나쁘지 않았다.

그런데도 아직 마음의 앙금은 남아 있다. 아니다, 그렇게 말하면 좀 지나치리라. 아마도 이런 느낌일 것이다. 그건 평생의 동반자인 아내로부터 완전히 이해받지 못 했다는 느낌, 그녀가 그를 약간은 정신 빠진 놈으로 본 것 말이다. 그러나 아내의 다른 장점

들, 다른 사람들을 잘 돌보는 것, 아이들을 좋아하는 것, 친절함과
싹싹함, 그녀의 이런 면들이 많은 것을 상쇄시킨다. 그래서 그는
그녀를 이미 '용서했다'고 말한다.

상대로부터 완전히 이해받는 일은 불가능하다

여기서 울리히는 쉽게 상처 받는 사람에게 존재하는 '욕망'에
대해 말하고 있다. 그것은 '완전히 이해받는 것'에 대한 동경이다.
이건 전적으로 아이들의 희망이다. 생존을 위해, 그리고 삶으로의
순조로운 진입을 위해 자신들이 가진 욕구에 대한 깊은 이해를 필
요로 하는 아이들의 경우가 그렇다. 그러나 이러한 깊은 이해는
신생아 초기에도 불가능하다. 엄마는 젖먹이의 욕구나 '언어'를 처
음에는 이해하지 못한다. '이해의 공동체'는 서서히 만들어지는 것
이다. 이해의 공동체는 완전히 만족스러울 수가 없다. 각기 서로
다른 바람을 갖고 있기 때문이다.

그런데 완전히 이해받는 것이 중요한 사람들이 있다. 이들은
인간 소통의 한계를 모르거나 알고 싶어 하지 않는다. 그래서 파
트너십을 갖기 어렵다. 처음부터 상대방이 자신의 욕구를 '알아줘

야' 하고, 적기에 자신이 뭘 필요로 하는지 '알아채야' 한다고 생각한다. 이런 생각이 확고하면 파트너십의 미래는 어둡다. 그리고 용서도 힘들다. 상대방이 배려해주지 않는 것을 '대역죄'라고 생각하기 때문이다.

라이문트의 예를 보자. 오래전에 라이문트가 카트린에게 최근에 살이 쪘으니 살 좀 빼야 한다고 말한 적이 있었다. 이 말을 한 남편을 지금도 용서 못 한다. 10년 전 일인데도 그렇다. 이런 모욕적인 말을 듣고 나서부터 걱정 없이 살 수 없게 되었다고 한다. 과거 이태리 여행에서 두 사람이 정말 맛있게 먹었던 스파게티를 생각해보라는 것이다. 그런데 이제는 그렇게 즐길 수 없게 되었다.

카트린은 허영심이 많고 외모에 관심이 많은 여자다. 그래서 라이문트는 그녀를 이해할 수 없다. 게다가 자꾸 옛날에 했던 그런 말을 아내가 자꾸 들춰내면 정말 바보 같다는 생각이 들고, 그녀를 용서하기 힘들다.

더 깊은 상처는 파트너가 다른 이성에게 관심을 갖고, 더 이상 자신을 중심에 놓지 않을 때 생긴다. 말하자면 다른 남자, 혹은 다른 여자가 더 중요해진 것이다!

마들렌은 이런 일을 몇 번 겪었다. 그녀가 어떻게 남편을 용서할 수 있었는지, 지인들이 물으면 그녀는 그저 웃고 만다. 그 시절은 그녀에게 너무도 힘들었지만, 이내 남편의 외도를 심각하게 생각하지 않기로 했다. 남편 오토는 쉽게 사랑에 빠지는 좀 어린애 같은 남자였다. 그는 늘 똑같은 짓을 저질렀다. 처음에는 부부의 대화에서 어떤 여자가 꼭 등장한다. 남편은 일단 그런 여자들에 대해 말할 때면 관찰한 바를 대수롭지 않게 흘린다.

"이멜라? 그런 대꼬챙이처럼 마른 여자는 내 취향이 아니지. 그렇지만 그 여자가 바보는 아냐."

이쯤 되면 마들렌은 경계하기 시작한다. 왜 끊임없이 이멜라에 대해 말하는 걸까? 이멜라가 이런저런 말을 했다느니, 그 여자는 꽤 똑똑하다느니, 박식하다느니 하면서……. 그러다가 남편은 '그 여자'에 대해 말을 안 하고 자꾸 집에 늦게 들어오기 시작한다. 그때 마들렌은 남편이 바람났음을 눈치 챈다. 하지만 그것도 곧 끝나리라는 걸 안다. 언제나 그녀는 남편에게 숨김없이 말한다. 지금 당신이 뭘 하고 있으며, 그걸 진지하게 생각하지 않는다고 직설적으로 쏘아붙인다. 처음엔 대부분의 남자들처럼 남편도 모든 걸 완강히 부인한다.

"그저 재미있는 대화 상대일 뿐이야."

그러다가 결국 남편이 인정했을 때 관계는 끝나 있다. 마들렌은 남편이 자신을 속였기 때문에 그로 인해 상처를 받는다. 남편이 자신을 멍청하게 생각하는 걸까? 한순간의 바람일 뿐이니 용서해야 할까?

그녀는 결국 용서했다. 남편은 여전히 철없는 어린애 같지만 사실 다른 장점들도 있다. 그는 예술적 기질이 다분한 남자다. 남

편이나 마들렌은 그런 창조적인 성향이 외도를 부추기는 거라고
생각했다.

재미있는 사실은, 주변 사람들이 평가하는 마들렌은 늘 세상의
중심에 있어야 하는 사람들이 그렇듯 딱딱하고 느낌 없는 사람이라
고 한다.

쉽게 용서하는 여자,
용서를 이용하는 남자

마리의 경우는 다르다. 딱 보면 누구나 아는 '수컷 테드'(마리
는 남편을 이렇게 부른다)는 마리와 잘 다투고 그녀를 많이 울린다.
이들은 몇 달씩 별거를 하기도 했다. 남편에게 딴 여자가 생기면
마리는 자신이 여자로서 가치가 없다고 느끼고, 남편에게 중요한
사람이 아니라는 자괴감에 힘들다고 한다.

마리는 남편을 많이 사랑했다. 소녀 시절에 남편은 그녀의 우
상이었다. 수많은 예쁜 여자애들을 물리치고 테드를 '쟁취'했을 때
마리는 여왕이 된 것 같았다. 자존감이 최고로 높아졌다.

그런데 아쉽게도 이런 자존감은 오래 못 간다는 단점이 있다.
그녀의 자존감은 남편의 태도에 따라 달라졌다. 그래서 마리는 결

자신만이 이 남자를 지탱해줄 수 있다는 순진한 믿음은
남편의 기만과 외도에도 모든 걸 용서로 마무리 짓는다.
아내의 쉬운 용서는 관계를 위태롭게 한다.

혼생활 내내 낭떠러지로 추락하는 느낌을 많이 받았다. 매번 외도를 청산할 때마다 테드는 남성적 매력을 발산하며 마리에게 사랑을 고백하고 엄청난 선물 공세를 편다. 그러면 마리는 금방 무너져서 모든 걸 또 용서하고 만다.

지금은 옛날처럼 남편의 애인에 집착해서 자신을 괴롭히거나 하지는 않는다. 마리는 많은 걸 돌아보고 용서도 했다. 남편이 왜 외도를 반복했는지, 남편이 왜 자신을 아내로 선택했는지……. 마리는 예감한다. 그녀가 언제나 그의 편이었기 때문이다.

테드가 끊임없이 바람을 피우고 아내를 속인 일에 마리의 잘못은 없을까?

마리의 잘못도 있다. 마리는 남편이 자신을 굳게 믿고 있다고 생각했다. 그래서 그가 필요했던 '이웃집 마당 나들이'를 아무 위험 없이 즐길 수 있었던 것이다. 다른 여자와 결혼했다면, 남편이 그렇게 할 수 있었을까? 마리는 영리한 여자다. 그러나 용서한다고 말하는 그녀의 태도에는 뭔가를 미화하는 듯한 느낌이 들었다. 깊이 들여다보면 마리의 숨겨진 내면이 드러난다. 그것은 자신만이 이 남자를 '지탱'해줄 수 있는 '유일한 여자'라는 믿음, 혹은 만족감이다. 테드는 몸이 아플 때면 마리의 이런 생각이 맞다는 것을 그녀의 행동으로 확인하게 된다. 이런 확인을 마리는 매우 흡족하게 생각하고, 그래서 남편을 쉽게 용서하는 것이다.

"찌질이", "밴댕이 소갈머리", "넌 절대 이해 못 해", "지독한 여편네" 같은 모욕적인 말도 잊기 힘들다. 이런 모욕은 언젠가는 수면 위로 올라온다. 모욕을 용서할 수는 있겠지만 모욕을 준 사람이 자신의 과오를 인정하고 진정으로 미안하다고 말할 때에만 진짜 용서가 가능하다.

한 여성 의뢰인 니콜의 사례다. 그녀의 남편은 시어머니에게서 절대적인 영향을 받은 사람이었는데, 자기 아내가 사회적, 지적으로 자기보다 열등하다는 뉘앙스로 말하곤 했다. 어느 날 남편이 니콜에게 "촌닭"이라는 말을 내뱉었다. 용서할 수가 없었다. 그런데도 니콜은 내색은 하지 않았다. 촌닭이라는 말이 여러 번 반복되지는 않았지만 니콜은 그 말에 상처를 입었고, 마음 언저리에 남았다.

나는 그녀를 상담하면서 그 말을 들었을 때 자신의 기분이 어땠는지 남편과 얘기를 나눠보라고 권했다. 얼마간 망설이다가 그녀는 남편에게 말을 꺼냈다. 부부의 대화는 아주 좋은 결과로 이어진 모양이었다. 결국 그녀는 남편을 용서할 수 있었다.

진정으로 용서하려면 우선 상처로 생긴 '분노'를 스스로 감지해야 한다고 미국의 심리학자 로버트 엔라이트(R. D. Enright,《용서

치유(Forgiveness is a Choice)》의 저자)는 말한다. 이 말은 여러 가지 경우에 해당될 수 있다. 특히 오랫동안 결혼생활을 한 사람은 과거에 느꼈던 '큰 분노'가 잘 느껴지지 않는다. '분노'가 '체념'으로 누그러지기 때문이다. 상대방이 '결코 바뀌지 않을 것'이라는 체념, 이 느낌은 스스로를 마비시키고 슬프게 한다. 이럴 때는 깊이 자리 잡고 있는 상처를 아주 세밀하게 끄집어내고, 정확하게 어떤 지점에서 여전히 쓰라리고 아픈지 분명하게 인식하는 것이 좋다. 그것이 지금은 많이 희미해져서 큰 상처나 분노가 아닐지라도 말이다.

바로 이 지점에서 나는 자세하게 묻는다. '촌닭'이라는 비하의 말은 물론 상처가 된다. 그건 누구에게나 그렇다. 그러나 상처받는 정도는 사람마다 다르다. 왜 상처를 받았을지 분석하기 전에, 각자에게는 풀어야 할 특별한 메시지가 숨어 있다. 니콜의 경우, 그녀는 남편이 아직도 어머니에 대한 애착에서 벗어나지 못하고 있다는 게 결혼생활 내내 불만이었다. 남편은 도도한 어머니의 수많은 편견을 그대로 답습하고 있는 사람이었기 때문이다.

촌닭이라는 말이 니콜에게 그리 큰 상처는 아닐 법했다. 그녀는 출신에 관해서는 콤플렉스가 전혀 없었기 때문이다. 그녀는 부유하고 지적인 집안의 딸로서 남들의 부러움을 받으며 잘 자랐다. 남편 집안이 부유하지는 않았지만 그녀는 개의치 않았다. 결혼생활의 문제는 수년간 지속된 시어머니의 간섭과 영향 아래 살았다는 것이었고, 이를 견딜 수 없어 그녀는 이혼까지 고려했었다. 그래서 신혼 시절은 어두웠고 남편도 싫어졌다.

이제 시어머니는 돌아가신 지 오래다. 그래서 과거의 문제는 땅속에 묻혔지만, 그래도 남편이 시어머니와 연결된 나약한 사람이라는 느낌은 사라지지 않았다.

상대의 내면을 이해하면 용서가 쉬워진다

그렇다면 용서는 어떤 모습이어야 할까?

특별한 건 아니지만 니콜은 보는 관점이 달라졌다. 달라진 시각으로 보면 이전에 보이지 않았던 많은 걸 볼 수 있게 된다.

니콜은 결혼 당시 남편이 젊고 무력한 남자라는 사실을 떠올렸다. 남편은 과부 어머니를 뒀기에 자신을 어머니의 '보호자'로 생각했다. 이처럼 거꾸로 된 관계는 그 대가를 치르게 마련이다. 니콜은 시어머니가 돌아가신 지금도 남편이 모든 일을 어머니에게 묻고, 어머니의 결정을 따르는 '보호자' 역할을 하고 있다고 생각했다. 왜냐하면 남편의 현실에서 어머니는 늘 살아 있고, 어머니가 어떤 것보다 우위에 있기 때문이다. 하지만 남편이 그런 이유로 성숙해졌다는 사실도 알고 있다.

타인을 진정으로 용서하려면 우선 상처로 생긴 '분노'를 스스로
감지해야 한다. 그렇지 않으면 '분노'는 곧 '체념'으로 바뀐다.
체념은 스스로를 마비시키고 인생을 슬프게 한다.

이제 니콜은 과거에 남편이 어땠는지 이야기할 수 있고, 그 당시 자신이 얼마나 어머니 때문에 따돌림 당하는 느낌이었는지를 말할 수 있다. 남편은 이런 대화를 불편해하지만 아내의 고통과 진지함에 귀 기울인다. 남편과 이야기한 뒤로 나쁜 감정은 많이 사라졌다고 그녀는 말한다. 그녀가 남편을 용서했다는 표현은 안 하지만, 나는 그녀가 남편을 용서했다고 생각한다.

니콜의 사례는 상처의 원인부터 찾아 문제를 해결한 경우였다. 그 상처는 화가 나서 불쑥 던진 남편의 말에 있다기보다 오랫동안 그녀를 괴롭혔던 어머니에 대한 남편의 애착심을 견뎌야 했던 사실이었다. 실제로 남편은 촌닭이라는 말을 했는지도 기억 못 했다. 그러나 아내가 시어머니와의 숱한 일들로 고통 받았다는 사실을 완전히 이해했고, 많은 대화를 나누면서 그걸 인정했다.

니콜의 사례처럼 상대를 이해하려는, 깊이 있는 대화를 나누면 용서가 쉬워지지만 이런 대화가 절대적으로 필요한 건 아니다. 어떤 경우는 용서를 받아야 하는 상대의 내면을 새롭게 들여다보면 문제가 풀리기도 한다. 상대방뿐 아니라 본인도 책임이나 원인이 있다는 걸 깨닫게 되기 때문이다. 갈등은 둘 사이에 만들어진 관계에서 필연적으로 발생하는 독소이다. 절대적으로 한 사람의 문제로만 치부할 수 없는 복잡성이 여기에 존재한다.

결혼생활은 가치관과 행동방식, 경험과 취향이 다른 두 사람이 함께 살아야 하는 일이다. 직업 및 주택 문제, 아이 양육, 소소한 집안일과 여가생활, 취향 문제 등 많은 선택 앞에서 갈등은 피할 수 없다. 더구나 시어머니 같은 이질적인 관계가 부부 사이에 끼어들 경우 문제는 복잡해진다. 그러므로 이러한 관계 인식을 바탕으로 갈등을 바라보고, 관계 갈등이나 여타 문제가 나 자신과 나 자신으로부터 출발한 어떤 상황 때문에 발생한다는 깨달음에 이르면 부부생활이 훨씬 수월해진다.

용서란 세상의 결함과 인간의 약함을 받아들이는 것

어떤 사람들은 용서할 수 없는 일들도 있다고 말한다. 맞는 말이다. 용서할 수 없는 일들이 쌓이면 함께 살기 힘들어진다.

그런데도 함께 사는 부부가 있다. 어떤 이는 단지 계속 살기 위해, 그리고 바뀌는 건 아무것도 없고 인생이 끔찍하게 된 건 상대의 책임이라고 계속 주장하기 위해 파트너를 '나쁜 인간'으로 만들 필요가 있다. 이런 현상은 나이 들어도 달라지지 않는다. 그래서 용서할 수가 없는 것이다.

우시와 마티는 꼭 붙어다니는 부부다. 극장에 갈 때도, 친구들을 만날 때도, 다 큰 자녀들을 만날 때도. 그런데 우시는 단 하루도 행복하지 않았다고 말한다. 곁에서 지켜본 내가 보건대, 마티는 그 정도는 아니었다. 내가 우시에게 "행복하지도 않은데 남편하고 사는 이유가 뭐죠?" 하고 물었다. 우시가 다소 주저하며 말했다.

"에, 그러니까 말이죠…… 남편이 가족을 부양했기 때문이죠. 또 옛날엔 이혼녀를 문둥이로 봤잖아요(그녀의 이런 말은 핑계일 뿐이다. 그 당시 이혼녀를 문둥이로 볼 정도는 아니었다.) 그리고 지금 이혼하기도 그렇고, 외롭게 혼자 살라고요?"

우시가 어쩔 수 없이 살았다고 말한다면, 그녀가 희생한 건 대체 뭐란 말인가? 세 명의 자녀를 키우고 일을 포기한 것 말이다. 이제 그녀는 인생에서 뭔가를 누릴 권리가 있다. 행복하지 않다는 우시에게 마티가 모든 걸 함께해주는 모습은 이해하기 어렵지만 아마도 이유가 있을 것이다. 우시가 가장 못 견뎌 한 일은 남편에게 단 한 번 다른 여자가 생겼을 때이다. 외도 이전에 마티는 어땠을까?

"아, 그거요, 남편은 원체 다정하지 않았어요. 그저 섹스만을 원했어요. 사랑이라고요? 우리 사이에 사랑이 다시 싹트는 일은 없을걸요."

'용서'는 마음먹는다고 되는 게 아니다. 용서는 내면 깊숙한 곳에서 이루어지며 오랜 시간이 걸린다. 의식적인 용서는 대부분 가치 없고 그저 입으로만 내뱉는 얄팍한 빈말일 뿐이다. 상처받은 자존감, 오해받았다는 느낌, 중요한 일에서 인정받지 못했다는 느

'용서'는 마음먹는다고 되는 게 아니다.
용서는 내면 깊숙한 곳에서 이루어지며 오랜 시간이 걸린다.
그녀가(그가) 더는 마음이 아프지 않을 때 비로소
용서가 된 것이다.

낌 같은 상처는 그냥 던져버릴 수 있는 게 아니다. 정말 깊이 자리 잡은 상처는 아이들이 아프다고 할 때 호호 불어주는 따뜻한 입김처럼 그냥 슬며시 사라지는 게 아니다.

용서는 하나의 과정이다. 종종 용서하는 사람도 그 과정을 전혀 알 수 없는 경우가 많다. 그녀가(그가) 더는 마음이 아프지 않다는 사실을, 혹은 그녀가(그가) 이젠 더 많이 이해할 수 있다는 사실을, 그리고 그녀가(그가) 이제 더는 인정받지 않아도 된다는 사실을. 이처럼 서로 용서가 되는 순간이 오면 대부분 이런 사실들이 보인다. 그런 사람들과 있으면 마음이 편안하고 평화롭다고 느끼게 된다.

원한에 찬 증오심을 가진 부부나 연인들을 보고 있으면 마음이 무겁다. 끝날 줄 모르는 흠잡기, 똑같이 반복되는 철없는 짓들…… 이런 커플들은 생판 모르는 사람에게도 눈에 뜨인다. 기분 상해서 궁시렁거리는 말들. "병 좀 따주면 어때", "내가 그런 꼴을 당해야 돼?" 얼굴을 찡그리며 조롱하는 소리들. "남편이 그 영화를 보다가 자더라구, 완전 무뇌아……." 이는 상대를 감정적으로 비난하는 일이며, 상대방을 용서하지 않았음을 말한다.

부부생활에서 어떤 것들은 결코 바뀌지 않는다는 것, 전체적으로 굳어진 생활방식을 바꾸는 건 어렵다는 것…… 이를 깨닫는 것은 가장 어려운 삶의 과제다. 물론 변화를 바라며 기다릴 수도 있다. 그러나 이런 기다림은 인생을 쓸쓸하게 만든다.

상대를 어느 정도 용서해야 한다는 것을 분명히 알면 관계에 많은 도움이 된다. 독선적인 용서는 파트너에게 주는 가장 심한 모욕 중 하나다.

용서할 수 있을 때 인생은 수월해진다. 여기서 용서는 단지 '잊는다'는 의미가 아니다. 용서를 받은 사람도 상처받았던 일은 여전히 기억에 남는다. 하지만 그 일과 관련된 아픔이 더는 없다.

용서를 하는 사람은 삶이 뭔지를 많이 깨달은 사람이다. 용서에 대한 가장 아름다운 이야기는 《O. 후작 부인》이라는 소설에 잘 그려져 있다.

러시아 군인들에게 겁탈당할 위험에 처한 O. 후작 부인은 러시아 장교의 도움으로 위기를 모면한다. 하지만 이때 러시아 장군은 의식을 잃은 후작 부인을 강간하는 과오를 범한다. 후작 부인은 나중에 임신 사실을 알고 괴로워한다. 뱃속 아이의 아버지가 누군지도 모르는 무지몽매한 상황에서 후작 부인은 아이의 아버지를 찾아 나선다. 가족과 주변 사람들로부터 수많은 비난과 눈총을 감내하면서…… 마침내 후작 부인은 아이의 아버지가 자신을 구한 러시아 장교라는 사실에 분노와 배신감으로 고통스러워하지만 결국 그를 용서하기로 한다.

결말을 통해 보면, 어지러운 '세상의 결함'을 받아들였기 때문에 그녀는 그를 용서할 수 있었다. 보편적 이치인 '인생의 약함'을 받아들이는 것은 세상으로부터 자신을 자유롭게 해준다. 특히 변

화가 힘들고 변화할 수 없다는 것을 깨닫는 부부에게 이런 깨달음
은 내면의 자유를 준다.

외도와 용서

　　용서에 관해 말을 꺼내자 이다의 남편 헨리는 내게 이런 이야기
를 들려주었다.

　　헨리 : 용서라고요? 아내를 용서할 게 뭐 있겠어요. 오히려 아
내가 나를 용서해야죠. 이다가 그렇게 해줄지는 자신이 없네요.
하하. 난 아내가 드센 여자라고 자주 느꼈어요. 싸움이 커지면 비
난의 말을 거침없이 뱉기도 했구요. 하지만 거친 게 곧 이다예요.
이미 말했듯이, 그런 아내를 이제 제대로 볼 줄도 알게 된 거죠. 좀
더 정확하게 말하면, 지금은 거칠다고 느끼는 게 아니라 현실적이
라고 봐요. 이를 '용서'라기보다 그저 '잘 이해하게 되었다'고 해야
겠죠? 그러니까 우리 두 사람 다 결혼생활을 통해 배우게 된 것이
있어요. 그것은 상대의 개성을 이해하고 받아들여야 한다는 것이
죠. 상대를 내 식대로 바꿀 수 있다는 자만을 버려야 한다는 거요.
이런 게 혹시 용서와 관련이 있나요? 아무튼 이리저리 돌려보면
좀 비슷하지 않나 싶네요.

이다는 어땠을까? 정말 그녀가 헨리를 용서할 게 더 많을까?

이다는 '용서'라는 말을 별로 좋아하지 않는다고 했다. 그런 관점에서 결혼생활을 생각해보지 않았다고 하면서. 용서라는 것은 '위에서 아래로' 내려다보는 것 같다고나 할까? 그러나 남편의 외도 같은 '힘든 과거'에 관해서라면 어떨까? 용서했을까?

그것에 관해서라면 무척이나 당황했고, 지금도 여전히 그렇다고 했다. 그렇다면 남편의 외도를 잊었을까? 아니면 잊어버리려고 노력한 것일까? 이다는 이 질문에 대해서도 자신이 없다고 했다. 용서에 관해선 별로 말하고 싶지 않다고……. 물론 남편의 외도는 아주 큰 문제였고 그녀는 잊지 않았다. 그녀가 이 문제를 견뎌냈다고 한다면 그것은, 아내가 상처받은 것에 대한 헨리의 반성 때문이 아니라, 그녀가 남편과 함께한 세월을 견뎌낸 힘 탓이다.

신혼 때 그들은 지금과는 완전히 다른 행성에서 살았다고 해도 과언이 아니다. 그들은 남녀평등이 결혼생활에서 실현될 거라고 믿었다. 당시 여성들의 성적 자유는 남자들과는 약간 다르게 인식되었지만. 이다는 다른 남자와 한 번 사귀게 되면서 남편의 외도와 비슷한 체험을 했다.

정말 그녀는 남편을 많이 용서할 필요가 없다고 한다. 헨리는 한 번도 그녀를 야비하게 대한 적이 없었고, 자신을 항상 중요한 여자로 느끼게 해주었다는 것이다. 결국 이런 느낌이 이들 관계를 유지하게 해주는 힘이 아닐까?

6

사는 건 재미없고
그이는
따분해

지루한 관계와
반복되는 일상에 관하여

어리석은 사람은
행복이 어딘가 먼 곳에 있다고 믿는다.

영리한 사람은
행복을 자신의 발밑에 키운다.

—

제임스 오펜하임

마음이 공허하면
자극을 갈망하게 된다

늘 되풀이되는 일상은 마음의 부담은 없는 반면, 따분하고 재미없다. 반복되는 하루, 매일 똑같은 빨래와 설겆이, 아내의 지겨운 잔소리! 그날그날 기분과 상황에 따라 일상은 부담이 되거나 지루하거나 편안하다.

에바는 권태로운 일상을 어쩌지 못해 투덜댄다.

"매일 똑같은 뉴스를 봐야 하는 거야?" "일요일마다 '가요무대'를 봐야 하는 거냐고?" "똑같은 저녁 메뉴, 싫증 나. 멀리 떠나고 싶다!"

마음씨 좋고 굼뜬 남편 울리히는 에바가 떠나자고 하면 마지못해 그러자고 한다. 어느 날 저녁에는 바닷가에 갔는데, 모기가 너무 성가시게 굴어서 짐을 싸서 금방 집으로 왔다.

울리히는 결혼생활의 문제점을 잘 알고 있다. 이 문제가 해결될 것인지는 잘 모르겠다. 그는 '아내는 왜 편안한 일상을 따분하다고 생각할까?'라며 이해할 수 없어 한다. 다만 결혼생활이 문제없이 굴러가길 바랄 뿐이다.

아내가 직장에 다녔을 때는 외근이 잦았다. 심리치료사였던 에바는 일이 많았다. 울리히는 아내의 과중한 업무가 맘에 걸렸다. 아내 없는 저녁시간이 정말 싫었기 때문이다. 아내가 그와 함께 요리를 하고, 텔레비전을 보며 나긋하게 기대 오고, 그러다 피곤해지면 일찍 잠자리에 드는 게 참 좋았다. 아내는 일찍 일어나서 일을 시작하는 전형적인 아침형 인간이었다. 그래서 그는 매일 혼자 아침을 먹었다. 출근할 때는 컴퓨터 자판을 치는 아내가 그를 바라보며 허공에다 손 뽀뽀를 날리는 게 일상적인 아침 풍경이었다. 이런 모습은 그가 좋아하는 반복된 일과였다.

그러나 저녁 시간은 다른 문제였다. 이제 아내는 일이 적어지고 대부분의 저녁 시간이 한가로워졌다. 울리히는 이런 상황을 충분히 즐겼다. 울리히의 표현대로 아내가 그놈의 모험심만 드러내지 않는다면 말이다. 아내가 뽀로통한 얼굴로 식탁에 앉아 식사가 무미건조하다고 투덜대면 울리히는 침울해져서 '늘 뭔가 새로운 걸 해야만 하는 걸까?' 하고 생각했다. "밥 먹기 전에 와인 한잔 해"라고 아내가 돌연 제안했다. 집에 마땅한 게 없자 아내는 바람처럼 슈퍼마켓으로 달려가 오랫동안 머릿속에서 생각하고 있던 음료를 사 왔다. 울리히는 달고 너무 독한 알코올 믹스를 좋아하진 않았지만 함께 마시며 만족했다. 아내가 그날 저녁을 벼랑에서 "구제"했다고 좋아하면서 잃었던 활기를 되찾았기 때문이다.

옛날에는 이런 일로 자주 다퉜다. 그도 심리치료사 아내의 직업에 전염되어 아내처럼 어느 정도는 심리 진단을 내릴 수 있게 되었다.

"에바, 당신은 속이 텅 비었어. 십중팔구 우울한 거야. 그래서 계속 외부 자극이 필요한 거라고. 안 그러면 당신은 즐겁지 않으니까 늘 새로운 게 필요한 거야!"

당연히 아내도 그 말의 답을 갖고 있었고, 남편을 모욕하는 걸 잊지 않았다.

"도대체 당신은 모험을 즐길 줄 모르는 따분한 사람이야. 그저 옛날 것에만 죽자 사자 매달리잖아."

두 사람이 이렇듯 서로를 향한 비난을 심각하게 받아들였다면 오래전에 이혼했으리라. 이런 문제가 알게 모르게 갈등으로 자리 잡았다. 그런데 언제부턴가 아내가 잠잠해지기 시작했다. 종종 그녀는 마음속으로 몰래 인정했다. 몇 가지 상담 일을 보고, 여자 친구를 방문하거나 미장원에 가는 날이면 남편이 그녀를 집에서 기다려주는 것이 정말 행복하다는 것을. 뉴스를 틀고 와인을 따라주는 남편이. 그래서 그녀는 '아, 정말 편안하다'라고 생각하면서 남편의 머리를 정겹게 쓰다듬는다.

반복되는 일과는 어떤 것일까? 어떤 장점과 단점이 있을까? 반복되는 일상이 어떤 기능을 할까?

울리히는 이렇게 말하곤 했다. "반복되는 일과는 삐걱거리는 일상을 잘 돌아가게 해주는 윤활유지요." 그러면 젊은 시절 아내는 눈알을 흘기며 이렇게 응수했다. "반복되는 일과는 일상을 삐걱거리게 하지. 그리고 윤활유는 '변화'여야 한다구!" 그런데 그녀

는 이제 남편의 생각이 어쩌면 더 현실적인 것인지도 모른다고 혼
자 생각한다. 저녁마다 그녀는 기분 좋게 긴장이 풀리는 걸 자주
느끼곤 했다.

그녀는 일이 적어졌는데도 시장 보고 요리하고 딸을 챙기고
하는 일상적인 일들이 힘겨웠다. ‘모험’을 하는 일이 점점 부담스
러워졌다. 그런데도 마음속에는 늘 지루한 일상에 대한 거부감이
들어서 남편은 하지 않는 생각이 슬슬 올라오는 것이다. 울리히는
가끔 투덜거리기는 하지만 아내와 함께 극장에 가거나 심지어 댄
스홀에도 간다. 토를 달지 않고 그냥 간다. 아내의 뒤끝이 두렵기
때문이다.

아내가 아침 차를 마시다 말고 갑자기 한숨을 쉬며 말한다.
“매일 똑같은 일이 되풀이되는 게 정말 싫어. 일어나고 아침 먹고
이 닦고, 30분 뒤에 해야 할 일을 생각하면 벌써 지겨워져.” 이럴
때 그는 뭐라고 얘기해야 한단 말인가?

그러면 울리히는 어쩔 수 없어 머리를 절레절레 흔들고 만다.
남편이 어이없어할 걸 알면서도 에바는 10분 동안 상상의 나래를
펴기 시작한다. 재기발랄한 남자와 산다면 어떨까? 남자는 아침
식사를 하며 그녀와 함께 밤새 가졌던 새로운 생각들을 나눌 테
지. 그 다음엔? 깜짝 놀랄 제안을 하지 않을까? 홍콩이나 남아프
리카로 날아가는 건? 이런 상상을 하는 에바는 부엌으로 다시 들
어가면서 빵 위에 꿀을 얹을까, 아니면 딸기잼을 얹을까 생각한

다. 그녀의 생각을 알 리 없는 울리히는 일간지의 문화면을 에바에
게 건네며 정답게 미소 짓는다.

이 부부가 서로 보완하며 살고 있다는 건 분명하다. 함께하는
일상에서 서로의 장점을 주고받고 있다. 두 사람은 서로에게 행운
이다. 매일 다투는 일도 대수롭지 않은 것들이다. 서로는 각자에
게 무엇을 빚지고 있는지 알고 있다.

두 사람이 더 나이가 들면 아마도 울리히가 기선을 잡게 되리
라. 앞으로 일상은 더 힘들어질 테고, 둘 중 하나가 병에 걸릴지도
모르니까.

반복되는 생활과
새로운 경험 간의 균형이 필요

우리 삶은 반복되는 일상으로 이루어진다. 이러한 일상은 생
활 속으로 스며드는 그런 것이다. 반복되는 일상이 없다면 생활을
영위하기 어렵다. 우리가 살고 있는 문명사회에서는 모든 것이 단
번에 확 달라진다는 상상을 할 필요가 없다. 뒤통수 맞을까 걱정
하면서 머리털을 쭈뼛 세우고 주위를 살필 필요까진 없다. 개발이
아직 안 된 나라에서는 문명사회에 사는 사람들이 물질 문명을 누

리며 평온한 일상을 사는 것을 몹시 부러워할 것이다.

반복되는 일상이 얼마나 중요한지는 아이들을 보면 안다. 아이들은 일상의 변화에 민감해서 불안해하고 징징거린다. 아이들은 똑같은 일상을 좋아한다. 같은 시간에 밥 먹고, 같은 사람과 함께하는 것을 편안해한다. 아이들은 새로운 것을 갑자기 많이 저장할 수 없다. 작은 두뇌가 순식간에 혼란스러워지기 때문이다.

아이는 무엇을 할지 예측하고, 미리 계획할 수 있을 때(이것이 가장 중요하다), 편안하고 안전하다고 느낀다. "우선 얼굴을 씻고, 그 다음엔 이를 닦고, 그리고 잠자러 가는 거야." 이 순서가 뒤바뀌면 아이들은 불안해한다. 반복되는 일상은 아이들의 삶을 쉽게 해준다. 모든 것이 늘 똑같은 식으로만 이루어지지 않는다는 것을 아이들은 서서히 배워야 한다. 아이가 말을 할 줄 알게 되면 그땐 준비시킬 수 있다. "의사 선생님이 네 이를 치료해야 하니까 오늘은 이를 닦지 않을 거야." 이렇게 예외적인 상황을 말해줘야 아이들은 질서를 잡을 수 있다.

반대도 물론 중요하다. 어떤 사회에서는 반복되는 일상이 위험할 수도 있다. 우리 사회에서는 반복되는 일상이 위험하지는 않지만, 어떤 사람들에게는 불편함, 지루함, 불안을 만들어내기도 한다. 이는 아마도 다른 상황에서는 실제로 '위험'했던 것의 잔재일 수도 있다.

불편한 느낌은 여러 형태로 나타난다. 새로운 것들을 별로 제공받지 못하는 아이들은 발달이 느려진다. 하지만 아이들은 본성상 새로운 것을 배우려는 호기심이 왕성하므로 발달 지체 현상을 조기에 발견하기 힘들다. 아이들은 항상 새로운 것을 발견하며 낡은 사물에서도 새로운 면을 찾아낸다. 그러나 잘 성장하고 새로운 경험에 대한 갈증을 채워주기 위해서는 꽤 많은 자극이 필요하다. 반복되는 일상이 청소년에게 좋은 것만은 아니다. 청소년기는 새로운 것, 자신이 만들어내는 것이 훨씬 중요해진다. 단조로운 일상이나 학교의 규율은 어떤 청소년들에게는 치명적이다. 반복되는 일과와 새로움 간의 균형을 찾기 힘든 나이이기 때문이다.

하루 일과를 함께하는 부부는 처음엔 둘 다 맘에 드는 일을 만들어내면서 제대로 된 일상을 꾸려나가려 한다.

"여보, 아침에 '오늘의 말씀' 읽고, 그 다음엔 같이 기도해. 그러고 나면 내가 커피를 내릴게."

목사 가정에서 하루를 여는 시작은 이렇다. 그런데 관계가 틀어지면 일상의 '좋은 일'은 '고통'이 된다. 서로를 질려하거나, 파트너가 지루하다고 느끼고, 새로운 생각이란 도무지 없다고 여기는 것이다.

중년기에는 고된 일과와 자식들 때문에 반복되는 일상 운운하며 불평할 겨를도 없다. 하지만 은퇴 후에는 이 문제가 중요해진다. 반복되는 일상의 많고 적음의 밸런스가 새로운 문제로 떠오르기 때문이다. 자, 그럼 부부가 따분하지 않게, 그리고 만족할 만

큼 새로운 것을 받아들이며 행복한 일상을 보내려면 어떻게 해야
할까?

　만약 한 사람이 아프거나 직장 일로 너무 바쁘거나 하면 반복
되는 일과와 새로운 경험 사이의 균형을 잡을 수 없어서 특히 어려
워진다.

　일상생활의 어두운 면이 수면 위로 떠오른다. 예전에 가졌던
친숙한 것들을 더는 찾아볼 수 없을 것처럼 보인다. 천편일률적인
힘든 일상에서 벗어나 새롭고 재미있는 것을 찾기가 어려워진다.
그래서 건강하고 활발한 사람은 뭔가를 새롭게 시도해보려고 하
는 경우가 많다. 파트너가 일상생활이 아닌 다른 것에도 전혀 흥
미를 보이지 않는다면, 자기만이라도 스스로를 돌보고 삶을 꾸려
나가야 한다.

　우리 문명사회는 늘 새로운 것을 제공받도록 되어 있다. 그래
서 늘 삶의 변화를 기대한다. 산업화되지 않는 나라에 여행 가서
마을의 아낙들이 집 앞에 앉아 있는 광경을 보면 가끔 고즈넉한
삶이 우리를 사로잡기도 한다. 이 여인들은 앉아 있거나, 쳐다보
거나, 뜨개질을 하거나, 콩을 헤아리는 것 말고는 다른 할 일이 없
어 보인다. 얼마나 평화로운 광경인가! 이들의 내면은 얼마나 안
온할 것인가! 우리는 이렇게 쉽게 생각해버린다.

　그러나 이런 모습에서 우리 삶의 모델을 찾을 수는 없을 것이
다. 우리는 끊임없이 새로운 것들을 제공받는다. 새로운 물건들,

'변화'나 '편안한 일상'에 대한 바람은 나이에 따라
달라진다. 취미생활, 관심사, 육체와 정신의 컨디션을
함께 보완하며 살아야만
살면서 부딪히는 관계의 파고를 헤쳐 나갈 수 있다.

새로운 오락거리, 새로운 환경. 아주 극소수 인간만이 이런 물질적인 산업사회에서도 끄떡없이 잘 산다. 따라서 산업사회가 강요하는 메시지는 간단하다. "네 인생은 상품이, 오락거리가 다양할 때만 가치가 있다. 얼마나 가능성이 많은 것인가!" 물론 책, 그림, 연극과 음악이 제공하는 수많은 것들은 대다수 현대인이 추구하는 풍부한 삶의 원천이다. 그러나 당연히 단점도 있게 마련이다.

반대로, 나이 들수록 새로운 것을 추구하는 것을 자제해야 한다거나 금욕 생활을 당연시하는 것도 터무니없다. 하지만 더 이상 새로운 것과 변화무쌍한 일을 좇는 삶은 내면을 지치게 하기 때문에 자신에 맞는 활동을 해나가면서 반복되는 일상과 새로운 경험(또는 활동적인 파트너에 맞춘 경험) 간의 밸런스를 찾아야 한다.

새로운 시도는 
언제나 가능하다

'변화'나 '편안한 일상'에 대한 바람이 나이에 따라 달라진다는 건 아마도 새로운 사실이 아닐 것이다. 대개 시간이 지나면 적당한 균형을 찾는다. 그래서 활동적인 사람들은 파트너가 자신을 조용하게 내버려둬서 좋다고 말한다. 아니면 다른 쪽은 파트너가 아니라면 하지 못할 새로운 경험을 하게 되어서 인생이 재미있어졌다고 말한다.

이는 나이가 들면 다시 크게 변할 수 있다. 어떤 부부는 결혼 초년생처럼 쉴 새 없이 싸운다. "저런 따분한 인간을 봤나! 남편이 (아내가) 저럴 줄 몰랐어……." 이런 상황은 자식들이 어렸던 결혼 초기처럼 아내들이 집 안에만 있게 되면 일어난다. 나이가 들면서 부부가 각기 변화하기 때문에 생활에도 변화가 온다는 사실을 미리 알아두면 좋을 것이다. 이런 이야기는 온갖 잡지와 기사에 등장한다. 함께 취미생활이나 같은 관심사로 일상을 풍요롭게 할 수 있다느니, 육체와 정신의 컨디션을 유지해야 한다느니…… 그런데 어떤 부부는 이런 말도 필요가 없다. 활력이 사라지기 때문이다. 두 사람은 이런 점을 서로 보완해야 한다.

여기서 나이 차는 중요한 역할을 한다. 힐데는 그 사실을 잘 안다. 남편 페터가 더 이상 뭘 같이 할 수 없는 사람이라는 걸 그녀는 안다. 그녀는 여전히 활기차고 건강하다. 그래서 저녁때 텔레비전이 켜질 때까지 하루 종일 집에서 밥상이나 차릴 생각은 없다. 남편은 역사를 가르치는 교사이다. 과거에는 훌륭한 독서가였던 그는 오랫동안 앉아서 뭔가를 골똘히 생각하는 시간이 많다. 뭘 생각하느냐고 물으면 머리를 흔들며 말한다. "아냐 아무것도, 그냥……."

힐데는 남편에게 아무것도 강요할 수 없다는 걸 이제 안다. 그러나 이따금 좋은 순간이 오기도 한다. 둘이 대화를 나누면 예전처럼 서로 통한다는 것이다. 힐데는 이를 감사하게 여긴다. 얼마나 좋은 시절을 페터와 함께 보냈는지 그녀는 기억한다. 그러나 남편한테 어떤 '희생적인 일'을 해줄 수 없다는 걸 알 만큼 영리하기도 하다. 힐데는 자신의 인내심이 버틸 만큼만 부부생활을 견디고 싶다. 그래서 다른 새로운 인생을 시도했다. 멋진 기공 교실을 찾은 것이다. 초등학교에서도 일을 찾았다. 그러자 그녀는 인생이 얼마든지 새로워질 수 있고 아직 끝나지 않았다는 느낌이 들었다. 하지만 집에서는 여전히 단조로운 많은 일들을 견뎌내야 한다. 그래도 대체로 일상이 만족스러운 편이다.

아내의 치매로
무너진 일상

한스는 아내 사라가 치매라는 걸 믿을 수 없었다. 처음에는 건망증일 거라고 생각했다. 두 사람은 자식이 없었고 늘 흥미롭고 변화무쌍한 생활을 즐겼다. 부부는 사회적 혼란과 궁핍한 시절을 겪었기에 인생이 자신들에게 빚지고 있다고 생각했다. 그래서 주어진 삶을 열정적으로 살았다.

둘의 직업은 은행원과 비서였지만, 한스는 음악을 즐겼고 사라도 그런 남편과 많은 음악회에 다녔다. 두 사람이 살던 도시는 큰 음악회가 열리지는 않았지만 이따금 수준 높은 초청 연주회가 열렸다. 게다가 다른 도시에서 열리는 콘서트를 순회하는 여행 클럽에 가입하기도 했다. 수많은 것을 함께 공유하며 살았고, 좋은 친구들이 있었다. 여행 클럽의 다른 회원들과도 4명씩 혹은 6명씩 따로 모여 주말을 함께 지내거나 여행을 가기도 했다.

그런데 끔찍한 병이 아내를 덮쳤다. "방금 내가 뭘 말하려고 했지?" "신문을 어디 뒀더라?" 이런 말이 다반사였다. 한스 자신도 그런 적이 많았기에 처음엔 그냥 넘겼다. 그런데 사라의 행동이 매일 되풀이되었다. 말수가 줄어들고(한스도 그럴 때가 있었지만), 감자껍질을 세탁기에 집어넣는 등 이상한 행동을 했다. 두 사람은 웃어넘겼다. 뭐 누구에게나 일어날 수 있는 일이니까…….

그런데 〈아이다〉를 보러 오페라 극장에 갔다가 창피한 일이 생겼다. 사라가 레스토랑에서 갑자기 노래를 부르기 시작했다. 〈아이다〉에 나오는 노래는 아니었다. 〈아이다〉의 노래를 불렀다면 이해할 수 있었겠지만, 그것도 이상하기는 마찬가지였으리라. 그녀는 아무도 개의치 않고 〈내 인생에 손을 내밀어다오〉라는 노래를 불렀다. 그러고는 이 노래가 오페라에서 너무 아름다웠다고 중얼거리는 것이었다. 얼마나 이상한 일인가! 당황한 사람들이 쳐다보자 한스는 해명하느라 쩔쩔맸다. 피곤해서 그렇다, 방금 들은 걸 기억 못 할 수도 있고, 심한 감기에 걸렸다. 차를 타고 집으로 돌아올 때도 창피한 일들이 일어났다. 이런 일들을 이야기할 때마다 한스의 눈에서는 눈물이 고였다.

친구가 그를 불러 말했다. "너는 아내가 치매인 걸 인정하고 싶지 않겠지. 그런데 앞으로도 옛날처럼 살게 될 거라 생각한다면 점점 더 나빠질 뿐이야. 여행이 그녀에겐 무리야. 그녀를 봐. 요즘 들어 얼마나 불안해하고 자꾸 다투려고 하는지!"

이 말이 한스에게는 충격이었다. 그러나 다 맞는 말이었다. 물론 그는 알고 있었다. 하지만 멋진 음악회와 함께하는 아내와의 아름다운 일상이 이제 끝나야 한단 말인가? 이제 집 안에만 틀어박혀야 한단 말인가? 집안일을 내가 해야 한단 말인가? 한스는 소름이 돋았다.

한스 자신이 좀더 자유로워지고, 둘 다 간단하게 해낼 수 있는 일과를 계획해서 실행하기까지는 시간이 좀 걸렸다. 치매 증세가 점점 심해졌지만 아내는 한스에게 고마워했다. 그녀는 말수가 줄어들긴 했지만, 더 자주 한스의 손에다 감사함을 표하며 머리를 그의 어깨에 기대곤 했다. 반복되는 간단한 일상이 그녀를 편안하게 한다는 걸 한스는 알았다. 이런 변화된 상황이 한스에겐 쉽지 않았다. 하지만 모든 것을 옛날처럼 하려는 신경질적인 시도보다는 훨씬 나았다.

새로운 일상은 한동안 두 사람이 편안할 수 있는 밸런스를 유

지해주었다. 그 다음에 한스는 모든 걸 포기하고 마음이 무겁지만
아내를 요양병원에 보내야 했다. 그렇지만 이런 식으로라도 함께
지낼 수 있는 시간이 한스는 기쁘다.

평화, 느림, 편안함……
주말에 아무것도 계획하지 않고 독서를 하거나
텔레비전을 보는 것도 좋다.
함께 즐길 수 있다면 반복되는 일상도 소소한 행복이다.

빤한 말로
속을 뒤집어놓는 남편

어떤 행동과 일은 반복된다. 그리고 어떤 일을 평가하는 것도 반복되고 이야기도 반복된다. 이처럼 반복되는 것들은 사람을 무기력하게 만들기도 하지만, 반대의 효과를 낼 수도 있다.

톰은 매일 빤한 말을 해서 아내 발리의 속을 뒤집어놓는다. 아침에 차를 마시겠냐고 물으면, 언제나 남편의 대답은 "살짝 한 모금!"이다. 이건 〈포이어창엔보울레〉(Feuerzangenbowle, 달콤한 칵테일 이름. 여기서는 영화 제목을 말한다.—옮긴이)라는 영화에 나오는 대사이다. 또 가끔은 "금방 시작해~"(독일인들이 즐겨 사용하는 말 'equal goes it loose'의 해석—옮긴이)라는 말도 남편의 입에서 자주 흘러나온다. 언어감각이 뛰어난 발리는 이런 말버릇을 들을 때마다 속이 뒤집힌다. 하지만 남편을 비난할 만한 꼬투리가 없었다. 그런데 지금은? 이 문제를 터놓고 얘기하게 되었을까?

말을 한 적은 없다. 발리는 언제부턴가 이런 대화법이 남편의 트레이드마크라고, 어느 정도는 이런 식의 표현을 기대하는 것이 재미있다고 느껴졌다. "아침 먹을 때 그가 '살짝 한 모금'이라고 말하지 않으면 난 그걸 그리워하게 될 거 같아. 가끔 이런 생각이 들어. 나중에 혼자가 되면 이런 사소한 일들이 생각나서 많이 슬퍼질 거라고……."

이것은 참 중요한 진실이라고 나는 생각한다!

발리의 말버릇은 어떨까? 나는 발리에게 물었다. "발리도 남편처럼 말버릇이 있는 거 알아요?" 하고 말했다. 그녀는 다소 당황한 기색이었다. 그러더니 자기가 친구들한테 남편 말버릇을 흉내 내곤 했다는 얘기를 꺼냈다. 이런 사례는 부부들에게 아주 흔해서 누구나 고개를 끄덕일 것이다. 남편의 말버릇이 얼마나 우스꽝스러운지 마냥 비아냥대면서 흉내를 낸다. 귀여운 손자의 귀여운 말을 흉내 내는 것하고는 다를 것이다.

발리는 이야기를 잘한다. 그러나 그녀의 반복되는 이야기를 듣는 사람들이 항상 재밌어한 것은 아니었다.

일을 평가하는 건 약간 다를 것이다. 핵문제나 대리모 문제에 대해 파트너가 무슨 말을 할지 이미 빤하다면 별 흥미도 없고, 부부의 대화도 지루해진다. 보통 부부에게 이런 주제는 그다지 중요하지 않지만, 의견 일치가 되어야 한다고 생각하는 부부들에겐 아주 중요하다. 그래서 충돌이 일어나는 것이다.

"지하철 폭력범들은 목을 매달아야 해." 이것이 빌헬름의 주장이었다. 모든 폭행범들을 극형에 처해야 한다고 말한다. 그의 아내 에디트는 인권을 중시하고 사형제도를 반대하는 입장이어서 남편의 과격한 표현이 늘 거슬린다. 그래서 언쟁이 자주 벌어진다. 남편의 말에 정이 떨어지고 경멸감이 드는 걸 감추지 못한다. 하지만 에디트는 이제 남편과의 충돌을 피하려고 노력한다. 인생을 흥분하며 살고 싶지 않은 것이다.

"반복되는 생활은 
지루함이 아니라 행복이죠"

부부가 일상을 보내는 문제를 놓고 헨리와 이다의 이야기를 들어보았다.

저자 : 헨리는 결혼생활이 어땠어요? 반복되는 일상이 많았나요? 따분했나요, 그 반대였나요?

헨리 : 난 반복되는 일상이 있다는 걸 신께 감사드려요. 결혼 초에는 너무 복잡하고 혼란스러워서 아주 힘들었어요. "왜 식사 시간이 정해져 있어야 하지? 그러지 말자!" "취침시간? 그런 건 없어!" 아내와 언쟁을 많이 벌였어요. 맙소사, 새벽이 올 때까지요. 아내와는 아무것도 들어맞는 게 없다고 생각했어요. 우리는 그러니까…… 학생처럼 살았던 거예요. 언쟁, 논쟁, 따지기, 말꼬리 잡기, 내 식대로 밀고 나가기…… 딸이 태어나자 다소 수그러들긴 했어요. 그렇지만 아빠, 엄마, 아이라는 구도로 이루어지는 소시민

적 생활이 내겐 너무 따분했어요. 지금은 좋아요. 언제부터인지 많은 일들이 규칙적으로 돌아가는 것이 마음의 안정을 주더라구요.

일상적인 식사 시간이 지나고, 저녁에는 독서를 하거나 텔레비전을 보고, 혹은 문화생활을 하거나 친구들과 만납니다. 예전처럼 자주 그러지는 못해요. 특히 젊었을 때보다 일찍 잠자리에 듭니다. 그러니까 짜릿한 것은 많이 안 하죠.

가끔 그런 게 좀 아쉽기는 해요. 그리고 안정이 필요한 아내를 배려해야 하니까. 이따금 기분이 내키면 혼자 나가요. 극장도 가고 맥주도 한잔 하고, 연극도 보러 가고 콘서트에 가요.

저자 : 이다는 '반복되는 일상'이란 말을 들으면 어떤 것들이 떠오르나요?

이다 : 평화, 느림, 편안함…… 우리 부부에겐 반복되는 일상이 너무 적어요. 남편은 가만있지 못하는 성격이거든요. 그는 늘 뭔가 새로운 걸 생각해내요. 그가 오늘 저녁에 집에 와서 밥을 먹을지, 아니면 기차에 오르려고 작정을 했을지 알 수 없었어요. 남편이 기차역에서 전화를 걸고는 말하는 거예요. 새로운 의료 시스템이 보급돼서 그걸 보러 가야 한다는 식이었어요. 정말 신물 났지요. 난 아이를 돌봐야 했으니까. 그땐 남편에게 자주 화를 냈어요. 끊임없이 남편이 약속을 어겼으니까요. 어느 날은 그가 집에서 딸아이를 보고 내가 친구를 만나러 나가기로 약속을 했어요. 외투를 입고 막 외출을 하려는데 남편이 그러는 거예요. 자기가 급한 일이

생겨서 나가봐야 한다고. 정말 어이없었죠.

지금은 훨씬 나아졌어요. 남편은 나와 함께 연극도 보고 많은 걸 하고 싶어 하지만, 난 그런 식이 즐겁지가 않아요. 한동안은 많은 것들을 함께 하긴 했어요. 그러다가 남편과 함께 하는 것들이 내겐 별로 흥미를 주지 못한다는 걸 알았어요. 지금은 남편 혼자 하라고 해요.

저자 : 그럼 반복되는 일상과 안정은 이다 혼자서 찾아야 한다는 거네요.

이다 : 그렇지는 않아요. 그렇게 과장해서 말하고 싶지는 않아요. 남편이 활발한 성격인 건 맞아요. 그렇지만 남편과 함께 저녁에 아무것도 계획하지 않고 독서를 하거나 텔레비전을 보는 게 더 좋아요. 또 규칙적인 식사를 하는 것도 중요하죠. 남편도 어느 정도 나한테 적응이 되었어요. 부른 배로 잠자리에 들지 않도록 저녁은 7시경에 먹어요. 그러면 밖에 나갈 시간도 충분하니까. 우리가 원하면 말이에요. 물론 대부분 남편이 나가고 싶어 하지요. 우리 생활은 훨씬 안정적이 되었지만 나는 지루함을 느끼지 않아요. 남편이 어떻게 느끼는지는 잘 모르겠어요.

모든 부부는 사랑의 기술을 배우듯이 싸움의 기술도 배워야 합니다.
좋은 싸움은 객관적이고 정직하며 절대 사악하거나 잔인하지 않아요.
좋은 싸움은 건강하고 건설적이며
결혼생활에 평등한 파트너 관계라는 원칙을 세워줍니다.

—

앤 랜더스

7

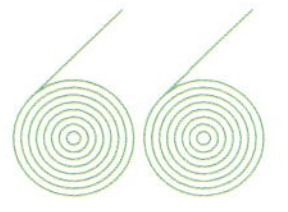

사람이
왜 그렇게
이기적이야?

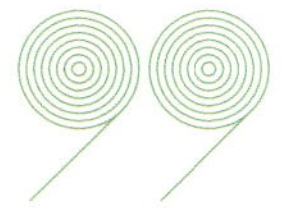

가사 분담과
일상의 배려에 관하여

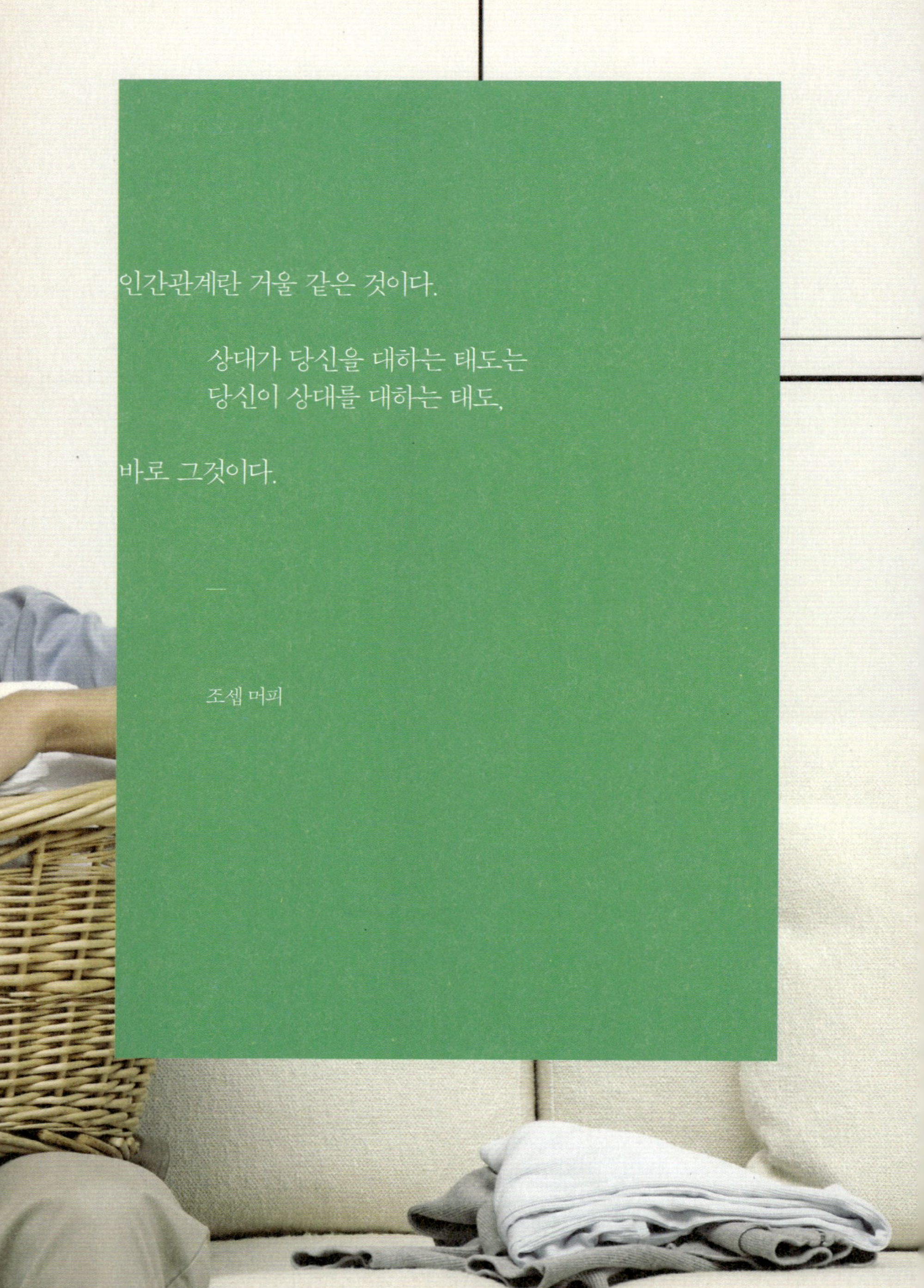
인간관계란 거울 같은 것이다.

상대가 당신을 대하는 태도는
당신이 상대를 대하는 태도,

바로 그것이다.

—

조셉 머피

이 남자랑
앞으로 뭘 하며 살아야 하지?

　　부부들은 일상의 의무에 관한 '계약'을 맺어야 한다. 지금까지 생각해보지 않았던 많은 일들을 떠올려보자. 시시해 보이는 일들, 이를테면 장을 보고, 요리를 하고, 영화표를 예매하고, 카센터에 전화 거는 일까지도 새로 조정하면 어떨까?

　　아내들의 한탄은 너무도 비슷하다. "이 남자랑 앞으로 뭘 하며 살지? 거치적거리기만 하는데……."

　　시대가 변했다. 오늘날 우리는 어느 정도 노동이 분배되는 환경에서 살고 있다. 여자는 집안일, 남자는 직장 일, 대개 가사를 전담하는 쪽은 여자다. 여자들이 자녀를 돌보고, 대부분은 감정노동(별로 안 좋은 개념이다)까지 떠맡는다. 심지어 친척, 친구관계까지 알아서 한다.

　　그러니 이제 요청받는 쪽은 남자다. 일상적인 일에서 '균형'을 잡아야 하기 때문이다. 여자가 직장 일을 할 경우는 남자가 집안일에 좀더 많은 시간을 할애하고, 여자는 취미와 친구들을 위해 더 많은 시간을 써야 할 필요가 있다. 이것이 가능할까? 그리고 외적 변화만 일어나도 괜찮을까?

　　이는 겉보기에 아주 간단한 문제로 들린다. 각자 해야 할 일을 맡으면 되니까. 여자는 요리하고 남자는 시장을 보고, 여자는 문화생활을 맡고 남자는 고장 난 것을 고치고. 전통적으로 이 정도는 괜찮다. 때로 가사 분담을 문서로 확실히 해두는 것도 좋다. 나는 부부 상담을 할 때 문서화할 것을 권하기도 한다. 그런데도 종종 실패한다. 왜 그럴까? 아마도 각자의 심경이나 내면을 고려하지 않은 탓일 게다.

그렇다면 가사 분담을 할 때 남녀의 어떤 측면을 고려해야 할까? 대개 보수적인 남자들은 가사 분담을 정해진 역할 상을 무너뜨리는 것이라고 본다. 앞치마를 두른 남자라니! 손에 빗자루를 든 꼴이라니! 어쩌다 아는 사람이 접시를 닦는 자신을 보게 된다면 창피해서 변명을 늘어놓을 것이다. 사실 사람들 대부분은 가사를 돕는 남자를 좋게 본다. 그런데 아쉽게도 여자들 대부분은 남편이 집안일을 거의 안 도와준다고 불평한다.

부부가 가사 분담을 하기로 약속했다 해도 예전 역할로 되돌아가기 일쑤다. 경계가 불확실하기 때문이다. 사실 남자가 보일러 작동 원리에 대해선 더 잘 안다. 반면에 요리는 여자가 더 잘하지 않겠는가. 그러니 남자가 마트에 가서 늘 쓸데없는 것들만 사 온다면 여자가 장을 보는 게 더 낫지 않을까? 그래서 여자가 남자를 못 믿고 집안일을 전담해버리는 것이다.

"그이는 집안일은 젬병이야. 완전 유치원생이 되어버리지."(혹시 일부러 그러는 게 아닐까?) 이런 생각에 이르면 여자는 차라리 혼자 해치우는 게 낫다. 남자에게도 그게 더 현실적일 거라고 생각한다. 하지만 이런 일엔 대가가 따르는 법. 여자가 집안의 모든 걸 결정하게 되면 짜증이 나고 불평이 많아진다. 몸이 쉽게 피곤해지고 힘에 부친다. 이렇게 되면 다툼이 잦아진다.

당연히 이성적인 해결책이 있다. 서로 조용히 이야기하면서 문제를 풀 수 있다. 상대방이 가진 능력을 존중하면서 어떤 걸 같이하고 어떤 걸 따로 할 건지, 또한 배워서 할 수 있는 일에 대해서도 의논하는 것이 좋다. 남자들에게는 요리가 그런 일이다. 정말 요리는 해보면 재미있기 때문이다.

남자들한테 집안일을 맡기는 문제

지금 부부들에게는 고리타분한 남녀 역할 모델이 다 적용되지는 않는다. 사회적으로 남녀에 대한 의식 변화가 일어났던 1970~80년대를 지나면서 사람들이 여러 가지를 새로 배웠기 때문이다. 어떤 이는 많이 배우고 다른 어떤 이는 적게 배우기는 했다. 20~30년 전에도 청소기 돌리는 남편, 기저귀 갈아주는 남편은 더 이상 조롱거리가 아니었다. 더구나 사회적 변화는 남성들에게 변할 것을 요구했다.

　그러니까 가사노동은 불쾌함을 유발하는 일은 더 이상 아니다. 어려움은 가사 분담을 할 때 생긴다. 팀이 과업을 수행할 때와 마찬가지로 어떤 규칙을 정하고 그것을 실행하는 과정에서 어려움이 따른다. 이렇게 되면 부부관계는 진짜 '일'적인 관계가 된다. 이럴 때 부부들은 직장 다닐 때처럼 이성적으로 대처해야 하는 것이다.

　자기 차례가 된 남자가 매일 찌개 한 가지만 끓인다고 해서 사랑 부족이라고 할 수는 없다. 이 남자는 요리 일을 가볍게 생각하고, 식단 변화가 별로 중요하지 않은 것이다. 어떤 부부는 식사가 별로 중요하지 않고, 그저 배만 부르면 되기 때문에 요리에 신경을 안 쓴다. 어쨌든 이런 남자에겐 실습생에게 과제를 내주듯 의무적으로 할 일을 '지정'해주는 편이 낫다.

　그렇지만 집안일은 직장 일과 다르다. 부부생활을 하는 사람은 누구나 이 같은 '배분'이 얼마나 관계를 엇나가게 하는지 잘 안다. 이는 둘의 관계에서 내밀하게 다루어지는 일이고 직장 일과는 다른 규칙이 적용된다. 집안일을 의무적으로 배분하는 일은 많은 상의를 한다 해도 그 자체로 갈등의 여지가 많다. 심지어 짜증과 무시를 불러오기도 한다. 결국 한쪽이 착취당하거나 착취하게 된다. 이것을 공정하게 평가하기란 사실상 불가능하다. 개인이 들이는 내면의 노력을 저울질하기 힘들기 때문이다.

예를 들어 막스는 오래전부터 퇴직을 하면 도시의 수많은 박물관을 둘러보겠다는 계획을 세웠다. 그런데 아내 한나가 일주일에 사흘씩이나 손자 데려오는 일을 그에게 떠맡기려 했다. 못마땅하게 여긴 막스가 정색을 하자 기분이 상해버린 한나는 이렇게 말했다.

"일주일에 6~8시간이야. 당신의 그 많은 자유 시간에 손자들을 위해 고작 6~8시간을 쓰는 거라고!"

막스로서는 반박할 명분이 없었다. 은퇴생활이 완전한 자유를 가져다줄 거라고 부풀어 있었기에 아내의 요구가 거슬릴 뿐이었다. 한나는 남편의 몫까지 모든 일을 혼자 해냈다. 그러니 막스가 온전히 사흘을 내주는 것이 맞다. 하지만 막스에게 손자를 데려오는 일은 하루를 고스란히 잃는 것을 의미했다. 어쩌면 막스가 이기적인 사람으로 보일 수도 있다. 그러나 막스의 계산법에서 이일을 한다는 것은 다른 일을 못한다는 것을 의미한다. 과연 이 문제를 이성적인 대화로 풀 수 있을까? 아마도 어려울 것이다. 퇴직후 생활, 시간 배분, 자유에 대한 두 사람이 생각이 크게 다르기 때문이다.

가사 분담의 갈등 밑에는
관계의 갈등이 숨어 있다 

가사 분담의 갈등 밑에는 또 다른 문제가 숨어 있다.

막스는 가족을 먹여 살리느라 별로 대우도 못 받는 행정직에 머물러야 했다. 그런데 이제 자유를 누릴 수 있게 된 지금, 또다시 무거운 의무를 짊어지고 살아야 한단 말인가! 아내 한나 입장에서는 더 이상 직장에 대한 막스의 불평을 듣지 않게 된 것이 좋다. 그런데 손자 일로 불만에 찬 막스의 모습에서 실망스러운 면을 다시 확인하게 되었다.

부부가 일상생활을 꾸려가는 문제는 매우 중요하다. 갈등을 빚을 때 서로의 생각을 '근본적으로 수정'하지 않으면 시간이 갈수록 힘든 문제들이 계속 튀어나오게 마련이다. 이러한 수정은 마음속에서, 또는 대화를 통해 할 수 있다. 만약 자신이 '늘 희생하고 있다'는 느낌이 든다면, 왜 그런 느낌이 드는지 곰곰 생각해봐야 한다. 혹시 남편한테(아내한테) 이용당하게끔 스스로 자처하지는 않는가?(이는 여성 쪽이 더 그렇다.)

갑자기 집안일을 상대방에게 요구하면 상대방은 부담스러워할 수밖에 없다. 왜 이렇게 새로운 것을 요구하는 상황이 되었는지 원인부터 분석해보는 것도 도움이 된다. 어떤 부부는 상대방의 부담스러운 요구를 현명하게 받아들이기도 한다. 갑작스러운 변화는 갈등을 부르기에 관계가 힘들어진다는 걸 서로 잘 알기 때문이다.

이제 취미를 원하는 대로 즐길 수 없게 된 막스는 이전의 막스가 아니리라. 과거에 가족과 함께 즐긴 멋진 테마 여행은 막스 덕분이었고, 한나도 남편 덕에 '보는 법'을 배웠다. 곰곰 생각해보면 그녀의 사교생활은 막스의 식견과 관심에 지대한 영향을 받았음을 인정하지 않을 수 없다. 막스가 하는 전시 해설은 여느 공식 안

내원보다 낫다고 지인들은 인정한다.

　나와 이런저런 이야기를 나누는 동안 한나는 많은 것이 정리되었다. 그녀는 막스에게 일주일에 두 번만 손자들을 데려오고, 그중 하루는 박물관이 문을 닫는 월요일로 맞추려고 애썼다. 다른 일은 자신이 더 잘할 수 있으므로 기꺼이 혼자 떠맡기로 했다.

　이런 방법이 둘의 갈등을 완전히 해소하지는 못할 것이다. 하지만 둘은 조금씩 실천할 수 있다. 두 사람은 입 밖에 내지는 않았지만 예전의 싸움거리를 들고 나오진 않았다. 7년 전 발병한 한나의 유방암이 언제 재발될지 모르고, 그 누구보다 서로를 아끼는 둘에게 유방암 문제보다 더 중요한 건 없기 때문이다.

　누군가가 아프거나 쇠약해지면 어려움이 커진다. 아내가 약기운 때문에 피곤해서 청소가 힘든 걸까? 아니면 그저 나태해진 걸까? 걸려온 전화를 기억 못 할 만큼 남편의 기억력이 나빠졌다면 나이 탓일까? 자기에게 관심 있는 일은 잘도 기억하면서? 최근에는 사회 문제를 다룬 새 책을 읽고 30분이나 장광설을 늘어놓아 주변을 놀라게 하지 않았던가. 이렇게 파트너에 대한 판단이 어려울 때엔 다시 '내면 이해 작업'이 필요해진다.

　"그이는 반나절을 잠만 자요." 남편보다 열 살이나 어린 아내가 푸념을 한다. "그러면 안 될 일이라도 있나요?"라고 다른 남편이 물었다. "내 영감이 그런다면 난 좋겠구먼"이라고 피곤한 동갑내기 남편을 둔 친구가 말했다. 그녀에게 자기 남편은 '기력이 철

철 넘쳐서' 탈이라는 것이다.

나이 많은 남편이 제공하는 혜택을 오래 즐겼다면 이제 어린 아내는 생각을 바꿔야 한다. 남편을 재미있는 대화 상대로만 기대해서는 결혼생활이 유지될 수 없다. 역할은 바뀔 수도 있다. 생활에 활력을 불어넣어야 하는 쪽은 여자가 낫다. "또 자는 거야!"라고 소리 지르는 건 둘 모두에게 좋지 않다.

나이 듦에는 기술이 필요하다

한쪽이 아프면 역할도 바뀐다. 생활은 헝클어지고 의무는 뒤바뀌며, 도움이 필요할 때 누굴 불러야 할지, 걱정이 한두 가지가 아니다. 가족이 늘 도울 수 없을 때는 외부의 도움을 구해야 할지도 모른다. 이런 상황에선 익숙했던 일상이 뒤죽박죽이 된다. '너무 많은' 간병과 '너무 적은' 간병 사이에서 정확히 균형을 이루어야 한다.

어머니가 암에 걸린 친구의 이야기가 생각난다. 어머니는 딸의 도움을 받는 것이 이상적이라고 생각했다. "내가 쓸모없다는 느낌을 가진 적이 없어. 딸은 언제나 날 믿어주었거든. 내가 정말

어떻게 할 수 없을 때엔 딸이 달려와 주었지."

문화생활을 풍부하게 누리게 해준 남편을 둔 부인이 있었다. 교양 있는 그녀가 내게 말했다. "남편이 똑같은 걸 되묻고 중요한 이름들을 잊어버려서 처음엔 정말 괴롭더라고요." 인내심이 바닥까지 떨어지자 아내는 남편에게 못되게 굴었다. 그러다가 남편이 알츠하이머라는 걸 알게 되었다. 참으로 비극적인 일이었지만 그녀는 차라리 그 편이 나았다고 말했다. 그녀는 다른 생활 방도를 찾았다. 남편은 더 이상 그녀를 돌볼 수도, 의무를 행할 수도 없는 처지가 되었다. 그녀는 주변에 도움을 청하기 시작했다.

몸이 병들거나 쇠약해질 때는 새로운 생활방식을 선택하는 지혜가 필요하다. 일상의 일들이 정상적으로 처리되지 않기 때문이다. 사실 지난 일들에 크게 매달리지만 않는다면 삶은 견딜 만하다.

이런 노화 현상은 단지 추락하는 길인가?

그렇게 볼 수도 있겠지만, 새로운 틀에서 기회를 발견할 수도 있다. 어떤 기회일까? 현대인은 "더 나은, 더 높은"이라는 기치를 내면화하면서 이런 가치에 익숙해져 있다. 그런 생각에서 벗어나 잘 지낼 수 있다는 것은 또 하나의 발전이자 기회이기도 하다.

더 이상 자신을 망가뜨리지 않고 도움을 받아들이는 것. 이는 자신과 세계에 대해 성찰하고 다시 느껴보는 새로운 가능성이다. 집 안에서 주로 일하는 여자들에게는 이러한 성찰이 남자들보다 어렵다. 남자들이 맛있는 스프를 만들었을 때의 성취감과 회의석 상에서 토론으로 남을 설득했을 때의 성취감은 다르다. 자신의 일을 버리고 한 발 뒤로 물러나는 것, 집안일이 자신의 일이 되는 것은 남자들을 우울하게 만들 수 있다. 작은 일상에서 만족감을 찾을 준비가 아직 안 되어 있어서 그렇다.

한 발 뒤로 물러나기, 작은 일에 만족하기, 우선 진지하게 생각되는 의무 발견하기. 이것이 바로 나이 들수록 가져야 할 기술이다. 잃었다고 생각한 품위를 찾기 위한 싸움에서 비참해지지 않으려면 말이다.

이는 부부생활의 새로운 기회이기도 하다.

부부가 함께 더 적게 일하는 쪽을 선택할 수도 있고, 서로 웃으면서 좀더 깊이 생각해볼 수도 있다. 그리고 새로운 삶에 적응하기 위해 노력하는 남편을 이해하고 있음을 보여주는 것, 이런 모습은 매우 중요하다. 아내가 오전 내내 인터넷에서 영화 티켓을 예매하는 일을 당연하다고 봐서는 안 된다. 남편이 들꽃을 화병에 정성스럽게 꽂아놓거나 물 주는 것을 당연하게 여겨서는 안 된다. 한때 기업 임원이나 의사로 인정받던 사람이 집 안의 소소한 일을 하는 것이 둘에게는 신선한 재미를 불러일으킬 수도 있다.

종종 새 집을 마련하는 일, 더 작고 소박한 집으로 이사 가는 일은 생활을 새롭게 바꾸는 일이다. 아파트에 돈을 쏟아붓거나 엘리베이터 없는 집에서 숨을 헐떡이며 계단을 오르내리고 싶지는 않다. 새 아파트로 이사 갈 때 짐을 줄이는 것도 좋지 않을까?

새로운 일상을 만들면 새로운 삶의 자극을 받을 수 있으며, 삶을 역동적으로 끌고 갈 새로운 의무들도 생겨난다.

요세파의 사례를 보자. 그녀는 이제 부엌에서 거실로, 침실에서 욕실로 가는 긴 걸음을 하지 않아서 좋다. 옛 집은 우아했지만 오래되고 낡아서 집수리에 많은 돈을 쏟아부어야 했다. 방 두 개가 딸린 소형 아파트는 그들에게 이상적이다. 남편 루카스가 거실을 책들로 채워 좁아졌지만 그녀는 받아들였다. 남편은 책이 꼭 곁에 있어야 행복하다는 걸 잘 알기 때문이다.

그런데 그녀는 청소하기 전에 먼저 해야 할 일이 있다. 남편은 물건을 여기저기 놓아두는 버릇이 있다. 예전엔 그의 방이 있어서 그녀는 모든 걸 그대로 놔두었다. 이제 그녀는 좀 치워달라고 끊임없이 부탁해야 한다. 그밖에도 작은 아파트는 장점이 많다. 활동적인 이웃들, 엎어지면 코 닿을 데 있는 슈퍼마켓과 중국 식당. 이 식당은 채식주의자인 그녀에게 수많은 레시피를 제공하기 때문에 남편과 자주 찾는다. 옛날에는 아이들, 돈, 먼 거리 때문에 외식할 엄두를 못 냈는데……. 사람 사귀기 좋아하는 요세파는 중국인 요리사와 곧 친구가 되었고 매일 만날 정도로 가까워졌다.

이제 부부는 외식을 즐기며 즐거운 나날을 보내고 있다. 남편은 요리를 즐기는 성격이 아니어서 기꺼이 요리하는 일을 사절한다. 그래서 루카스는 아내를 식당에 자주 '초대'할 수 있어서 오히려 즐겁다. 이것은 남편이 아내에게 주는 '도움'의 형식이다.

옛 생활환경과 비교하면 후퇴처럼 보일지 몰라도 이는 새로운 생활습관, 새로운 기회이다. 후퇴도 삶의 일부이며 새로운 생활방식이 될 수 있다. 반드시 나쁜 것만은 아니다. 살아 있는 정신만 있으면 위축된 환경에서도 많은 것을 할 수 있다.

사람이
왜 그렇게
이기적이야?

—

**가사 분담과
일상의 배려에 관하여**

8

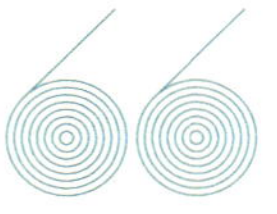

혼자 살아도
괜찮을까?

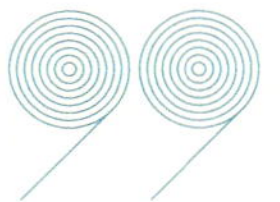

홀로 산다는 것과
새로운 사랑을 만나는
방법에 관하여

우리는 오로지

사랑을 함으로써
사랑을 배울 수 있다.

—

아이리스 머독

둘이 살다가
홀로 남겨진다는 것

파트너를 잃고 홀로 남겨진 삶은 몹시 힘든 인생 과제이다. 이 고통을 이기지 못하는 경우가 참으로 많다. 이겨냈다 하더라도 내면에 깊은 슬픔을 안고 산다.

저마다 다른 스토리를 가지고 있을 것이다. 위로받을 길 없는 미망인이 오직 자식들에게만 매달려 결코 자신의 삶으로 복귀하지 못하는 경우도 있다. 지금까지 모든 일을 남편과 함께 해왔기 때문이다. 간단한 집안일조차 해결 못 하고 사는 남자도 있다. 한편으론 새로운 삶을 찾는 미망인도 있고, 이내 다른 여자를 찾으려고 기웃거리는 남자도 있다.

이 책에서는 반쪽을 잃은 슬픔을 분석하는 일은 하지 않을 것이다. 스스로를 속이지 않는다면 이런 상실감은 뛰어넘을 수 없을 만큼 힘들다. 자기를 속여야만 비로소 상실감이 극복되었다고 말할 수 있기 때문이다.

사별에는 긴 애도 과정이 따른다.

어떤 사별은 마음의 부담이 덜하며(파트너가 오랜 고통을 겪고 떠난 경우), 또 어떤 사별은 엄청난 충격으로 온다. 이 모든 경우에도 오랫동안 극복해야 하는 마음의 빈자리가 남는다. 행복하지 않았던 부부도 마찬가지다. 특정한 날과 특별한 사건이 기억나면 다시 깊은 상실감이 몰려온다.

이럴 때는 이벤트를 갖는 것이 도움이 된다. 망자의 생일에 여는 가족 파티, 산소에 가기, 기도드리기 등 슬픔과 기억에 어떤 형태를 부여하는 일은 상처를 치유하는 데 도움을 준다.

다시 새로운 사랑을 찾아야 할까?

나는 우시를 그림 공부 모임에서 알게 되었다. 그녀는 남을 배려할 줄 알고 활기차고 친절한 분위기 메이커였다. 그녀는 5년 전 남편을 잃었다. "지금도 그이가 너무 그리워요." 그녀는 상심에 잠긴 미망인처럼 보이지는 않았다. 여러 일에 호기심이 많았고, 여행지에 머물기를 좋아하고, 그림 그리기를 즐겼다. 그러나 그녀의 말처럼 "그리운 빈자리"가 있는 것이다. 이런 공허감은 어떤 것으로도 대신하기 어렵다.

친구들과 만나서 마음의 대화를 나누는 것이 쉬운 일은 아니지만 시도는 해보아야 한다. 우리가 알게 된 지 1년 후에 우시는 민망해하면서 다음과 같이 말했다.

"우습게도 가슴이 두근두근거리는 거예요. 이웃에 혼자 사는 남자가 있는데……."

서로 좋아했었다는 것이다. 물론 죽은 남편과 비교할 수는 없다. 하지만 그녀를 위해 얼마나 잘된 일인가. 난 기뻤다!

크나큰 곤경을 겪고 나면 다시 탄탄하고 새로운 관계가 생기는 일은 쉽지 않다. 이런 관계가 만들어지려면, 거리를 가지고 다시 새로운 삶을 스스로 구축해야 한다. 그래야 좋은 관계를 쌓을 수 있다.

보통 파트너를 잃게 되면 새로 시작할 엄두도 못 낸다. 정녕 새로운 기회란 없을 거라고 생각한다. 특히 여자들의 경우가 더 그렇고 남자들의 경우엔 선택 가능성이 더 많다.

홀로 된 남자들이 열 살쯤 어린 상대를 찾지는 않는다. 구혼 광고를 보면 이런 현상이 최근에 많이 바뀌었음을 알 수 있다. 파트너를 찾는 인터넷 광고도 한몫 하고 있다. 인터넷에 대해 어떤 견해를 가지든, 이런 경로는 한동안 서로 좋은 동반자가 될 파트너를 찾는 창구가 되고 있다.

홀로 산다는 것과
새로운 사랑을 만나는
방법에 관하여

두 번째 사랑을 만난
안네의 이야기

안네는 정말 순식간에 남편 루이스를 심장마비로 잃었다. 그들은 20년간 함께 살았고, 네 자녀를 두었고, 오랫동안 재미있는 부부로 지냈다. 갈등이 없었던 것은 아니었다. 단호하고 고집 센 두 사람이 만났으니 갈등은 어찌 보면 당연했다.

결혼 초기에는 하찮은 일로 자주 다퉜다. 주로 돈 쓰는 문제였다. 남편의 씀씀이가 커서 항상 재정적인 위기가 닥쳤다. 그 외에도 질투와 시기 같은 오래 살다 보면 생기는 문제들이 있었다. 하지만 한 가지는 변함이 없었다. 그것은 대화할 수 있었다는 것이다. 마지막까지 그들은 함께 고민했다. 사회, 문화 등 관심사도 비슷했다.

그런데 번개가 내리치듯 남편의 죽음으로 모든 게 사라졌다. 안네는 처음으로 혼자가 되었다. 딸에게는 부담을 주고 싶지 않았다. 안네는 심한 우울증에 빠졌다. 많이 울었고, 정신과 의사에게 상담도 받고, 약까지 먹어보았다. 그렇지만 이 모든 짓을 빨리 관두었다. 그녀에겐 맞지 않았기 때문이다. '짝 잃은 슬픔'이 병이 아니라는 생각이 들었다. 의사와의 상담은 많은 도움이 되었지만, 결국 자기가 스스로를 도와야 한다는 걸 깨달았다.

1년이 지나자 딸은 엄마가 충분히 애도했으니 새로운 파트너를 찾아야 한다고 말했다. 엄마는 여전히 매력적이고 몸매도 좋고 옛날처럼 공주 같다며 농담처럼 말하곤 했다. 안네는 딸이 그저 걱정거리 하나 없애려고 그러는구나, 하며 웃어넘겼다. 안네는 딸의 뜻을 알았지만 새로운 관계를 받아들일 준비가 아직 안 되어 있었다.

딸은 이런 뜻을 굽히지 않고 엄마를 짝과 맺어주기 위해 커플 중개회사에 등록까지 했다. 안네는 호기심이 생겼다. 시간 죽이는 셈 치고, 또 어떤 남정네가 나 같은 과부한테 관심을 보이는지도 알고 싶었다. 예상한 바대로, 남자들이 여럿 연락해 와서는 만나고 싶다고 했다. 하지만 그녀는 남자와의 만남을 뒤로 미뤘다.

미망인이 된 지 2년째, 이제 살아가는 데 필요한 몇 가지를 습득했다. 어떻게 옛 친구들과의 관계를 되살릴지, 어떻게 새로운 인간관계를 맺을지, 어떤 주제로 대화할지, 싱글로 살아가는 데 필요한 능력을 새로 배우려 했다. 그녀는 빨리 배웠고, 그러자 다시 살아가는 일이 즐거워졌다. 거울 속 자신을 바라보면 그다지 나쁘지 않다고 생각했다.

그러다가 안네는 다시 커플 중개회사에 등록했다. 이번에는 슬퍼하는 과부로 자신을 소개하지 않고, 좀 뻔뻔해 보이긴 했지만 약간 나이를 줄여보았다.

남정네들의 지루한 편지 외에도 몇몇 흥미로운 남자들의 신청

서가 들어왔다. 메일을 쓰고, 전화를 하고, 두 번쯤 만나고는 헤어졌다. 그런데 은행원이었던 남자 페터의 편지는 아주 맘에 들어서 다시 한 번 만나기로 했다. 그는 재미있게 편지를 썼다. 오랫동안 아픈 아내를 간호하면서 어려움을 겪은 사람이었다. 둘은 서로 이해했고, 안네는 이 남자와는 좋은 친구관계를 맺을 수도 있겠다 싶었다. 은행원은 왠지 지루할 거라고 생각했지만, 페터를 만나고 이런 생각이 날아가버렸다. 페터는 그녀에게 반했다. 안네는 나이를 속였다고 고백했다. 그 말을 듣더니 웃으면서 "그게 여자들의 특권 아니겠어요" 하며 넘겼다.

편지로, 전화로 그리고 직접 만나면서 오랫동안 데이트를 했다. 안네를 숭배하는 페터는 그녀 집에서 자동차로 한 시간 반 거리의 동네에 살고 있었다. 자유롭게 만날 수는 없었다. 겁이 많은 안네는 더는 친구로만 지내고 싶지는 않았다.

전 남편 루이스하고 이 남자는 많이 달랐다. 특히 취향이 아주 달랐다. 그의 집에 가면 소시민적인 취향이 눈에 들어왔다. 가구는 덩치가 크고 묵직하고 온통 브라운 색이었다. 페터는 저녁식사로 피자를 주문했다. 베란다에서 함께 피자를 먹는 게 편안할 거라고 생각한 모양이었다. 전 남편은 디자인 가구를 선호하고 이름난 레스토랑에 가는 걸 즐겼다. 고급 취미 때문에 빈약한 집안의 잔고를 거덜 내기 일쑤였다. 그 때문에 싸우기도 많이 했다. 남편은 씀씀이가 컸는데, 정말 무슨 돈으로 그렇게 했는지 지금도 이

행복을 위한 전제조건은 '삶에 대한 용기'와
'위험을 감수하려는 준비 자세'다.
다른 것을 시도해보고, 삶을 변화시키고,
새로운 습관들도 허용하는 것.
이 모든 것이 파트너가 있든 없든, 성공적인 삶을 만들어낸다.

—
홀로 산다는 것과
새로운 사랑을 만나는
방법에 관하여

해가 안 간다. 어쨌든 페터는 루이스의 미적 감각은 절대 갖지 못했다. 그런데 그게 중요한 걸까?

안네는 이 모든 사실을 친한 친구한테 말했다. "너 미쳤니?" 하며 친구가 언짢아했다. "너를 정말 사랑해주는 친절한 숭배자를 만났단 말이야? 근데 고급 취향이 아니라서 꺼려진다고? 아마도 그 남자는 돈이 많을걸. 아마 그 사람, 취향이 바뀔 수도 있어. 함께 쇼핑을 가봐."

그런데 안네는 그렇게 빨리 가까워지는 게 두려웠다. 페터가 그녀의 집에 오기도 해야 하고, 모든 것이 서서히 이루어지길 바랐다. 그러다 친구관계가 혹여 연인관계로 발전할 수도 있겠지, 하고 생각한 것이다.

그런데 페터의 잦은 방문은 그 자체로 삶의 활력이었다. 안네는 페터와 함께 있으면 긴장이 풀리고 자유롭고 만족스러웠다. 맘껏 수다를 떨고, 페터의 중요한 취미인 생물학에서부터 사회 문화와 금융제도(돈을 어떻게 굴릴 것인지에 대해 안네에게 굉장히 좋은 팁을 주기도 했다)에 이르기까지 광범위한 지식은 경탄스러웠다. 게다가 그는 사람을 잘 볼 줄 알았다. 그래서 안네는 페터의 이야기를 통해 옛 지인들의 다른 면을 알게 되면서 종종 놀라곤 했다. 페터가 없으면 얼마나 그를 그리워하게 되는지를 깨닫고 안네는 몹시 놀랐다.

그런데 다른 사람에게 페터를 소개하면 그녀는 불안해졌다.

페터는 파란색 양복에 갈색 구두를 신었고 태도도 어쩐지 서툴렀
다. 그는 자신의 내면을 전혀 드러내지 않았다. 그래도 그와 함께
있지 않으면 안네는 위축되었다.

친구가 다시 조언을 해주었다. 안네는 자신에 대해서, 그리고
자신의 오만함에 대해서 깨닫게 되었다. 이는 단지 안네의 오만함
일까? 아니면 루이스에게 너무 적응한 탓일까? 안네는 지금까지
사람들을 너무도 편협하게 판단했다. 페터와 만나면서 안네 성격
이 얼마나 편안해졌는지를 친구는 거듭 말해주었다. 친구는 전 남
편과 살 때의 문제점을 얘기하면서 과거를 지나치게 이상적으로
보지 말라고 나무랐다.

페터는 안네에게 자주 왔다. 그는 그녀의 삶의 일부가 되었고,
자식들도 그를 좋아해주어 행복했다. 크리스마스, 생일, 그리고
다른 행사 때에도 늘 함께한다. 안네와 페터는 함께 여행을 떠나
즐겁게 보낸다.

하지만 안네는 페터가 사는 작은 집으로 이사하고 싶지는 않
았다. 페터도 그러길 원했을 것이다. 그렇다고 페터가 안네의 집에
와서 남자에게 의존하게 되는 삶도 싫었다. 지나친 친밀감이 싫었
다. 페터도 옛 지인들을 떠나고 싶어 하지 않았다. 그에게 자식은
없었지만 그 지역 사람들과 무척 정이 들었다.

지금까지 이들은 각자 집에서 살아간다. 그러나 점점 더 많은
시간을 함께 보내고 있다. 따라서 '거리를 둔 사랑'이라는 말은 그

들에게 적합하지 않다. 이런 식의 사랑도 있는 것이다. 안네는 자기감정을 그렇게 표현한다.

페터는 그녀에게 속해 있다. 전 남편이 그녀에게 속해 있었듯이. 하지만 그녀는 페터에게서 안전하다고 느낀다. 질병이나 사고를 당해 그들 삶이 바뀐다 해도 그들은 서로를 위해 존재하게 될 것임을 그녀는 안다.

싱글, 새로운 삶이 가능하다

물론 모든 미망인들이 안네처럼 행복한 결말을 갖지는 못한다. 행복을 위한 전제조건은 '삶에 대한 용기'와 '위험을 감수하려는 준비 자세'다. 다른 것을 시도해보고, 삶을 변화시키고, 새로운 습관들도 허용하는 것이다. 이 모든 것이 파트너가 있든 없든, 성공적인 삶을 만들어낸다.

파트너와 함께 살 때의 일상을 좋아하고 또 그것을 몹시 그리워한다면, 돌연 다가온 싱글 생활에 적응하기란 쉽지 않다. 화창한 날에 함께 했던 아침 식사, 특별한 쇼핑을 위해 멀리 외출했던 일, 근사한 주말을 위해 함께 찾았던 레스토랑, 이 모든 추억이 끊

둘이 같이 살다가 혼자 남는 것,

파트너가 떠나고 자신의 삶이 덩그러니 놓여 있을 때

그 어떤 위로도 도움이 안 된다. 상실감과 슬픔을 완전히

지울 수는 없다. 그것 또한 인생의 일부이므로.

—

홀로 산다는 것과
새로운 사랑을 만나는
방법에 관하여

임없이 아픈 상처를 건드린다.

어떤 추억은 종종 후회를 낳기도 한다. 남편이 카드 집어넣는 것을 자꾸 잊어버릴 때 왜 그리 잔소리를 해댔을까? 아내가 똑같은 이야기를 되풀이할 때 왜 좀더 참지 못했을까? 아내가 아이들에게 과한 선물을 할 때 왜 좀더 인내심을 보여주지 못했을까? 남편이 레스토랑에서 메뉴의 가격표만 뚫어져라 보는 걸 왜 조용히 넘기지 못했을까? 우리는 이런 목록을 끊임없이 늘어놓는다. 이런 목록이 많으면 많을수록 과거의 죄들을 곱씹게 되리라.

물론 반대의 경우도 있을 수 있다. 이따금 좋았던 일들을 추억하며 "그래 그건 그렇게 나쁘지 않았어"라고 말할 수 있다. 이런 태도는 과거를 부정적으로 보지 않고, 자신을 불쌍하게 여기는 것을 막아준다.

새로운 우정을 만드는 것이 가능할까? 옛 친구들을 다시 만나는 것이 가능할까? 모든 것이 가능하다. 소싯적 친구를 찾는 데 인터넷이 도움을 줄 수 있다. 나이가 들어도 온갖 새로운 기술을 배우고 섭렵할 용의가 있다면 이메일로 친구관계를 새롭게 되살릴 수도 있다.

"다행이야. 다시 세상과 연결되었어."

내 친구의 고령 엄마가 컴퓨터를 키면서 하는 말이다. 생일 선물로 엄마가 원한 것은 아이폰이었다고 한다. 그 엄마는 4년 전까지만 해도 새로운 기술 같은 건 뭐든지 거부했었다. 그런데 남편이 죽자 남편의 낡은 컴퓨터 주변을 어슬렁거리면서 궁금해하더니 나중에는 컴퓨터를 쓰기 시작했다. 곧 아이폰도 유익하게 사용할 수 있으리라.

이상적인 싱글이란 건 없다

사라진 공통 세계에 대한 슬픔은 파트너를 잃은 사람들을 계속 따라다닌다. 가슴 한구석에 자리한 서러움은 쉽게 지워지지 않는다.

페터와 안네는 지나간 그들의 과거에 대해 많은 이야기를 나눈다. 이 또한 함께하는 세계의 일부를 창조해낸다. 두 사람은 좋은 부부생활을 경험했고, 그렇기 때문에 과거를 기쁘게 추억할 수 있다. 그동안 서로의 과거에서 좋지 않았던 점들도 서로에게 이야기한다.

이따금 안네는 페터의 집에 갔을 때 어두운 색 양탄자를 왜 그리도 질색하고 전 남편의 특별한 취향만을 더 좋은 것으로 보았는지, 그녀 자신도 지금 이해할 수 없다(아무튼 페터는 안네의 충고를 듣고 나중에 양탄자를 바꾸었다). 전 남편과 타인에 대한 생각이 얼마나 바뀌게 되었는지! 페터가 중병이 든 아내를 성심껏 돌봤던 것처럼 전 남편도 그녀에게 그렇게 했을까? 그녀는 이 물음에 스스로 물음표를 찍는다.

과거의 추억들을 새로운 사람에게 오버랩시키는 것은 관계를 더 나빠지게 할 뿐, 도움이 안 된다. 전 남편의 외도들이(그것이 활력과 호기심의 증표라고 생각했었다) 이제는 다른 얼굴로 드러난다. 얼마나 상대방을 배려하지 않았으면 그랬을까? 페터와의 관계가 전 남편과의 관계처럼 그렇게 친밀한 것은 아닐지라도 이 새로운 관계의 빛 속에서 인생에 대한 새로운 안목이 분명 생기는 듯하다. 이는 가끔 고통스럽다. 그러나 안네에게는 좋은 일이기도 하다. 그녀는 시간의 수레바퀴를 뒤로 돌리고 싶지는 않다.

혼자 사는 사람에게 딱 맞는 모델은 정해져 있지 않다. 외부의 도움에 의존하는 삶이 괜찮은 걸까? 적절한 시기에 재혼을 하는 것이 더 좋은 걸까? 나이 들어 지인들과 함께 사는 건 어떨까? 여러 세대가 어울려 같이 사는 것은?

삶에는 여러 대안이 있을 수 있다.

둘이 같이 살다가 혼자 남는 것, 그리고 한 사람이 떠나고 자신의 생이 덩그러니 놓여 있을 때는 그 어떤 위로도 도움이 안 된다. 이런 일을 겪는 것에 대한 슬픔과 불안을 어떻게 해결할지는 순전히 자기자신에게 달려 있다. 우리보다 앞서 살다 간 수많은 사람들이 이런 삶을 어떻게 겪어냈는지 보여주고 있을 뿐이다. 상

실감과 슬픔을 완전히 지울 수는 없다. 그것 또한 인생의 일부이

므로.

사랑의 적은 경쟁자가 아니라 바로 이기주의입니다.
이렇게 말할 수 있겠습니다.
내 사랑의 주된 적, 내가 쓰러뜨려야만 하는 것은
타인이 아니라 바로 나,
자신의 세계를 강요하려 하는 '자아'입니다.

—

알랭 바디우

9

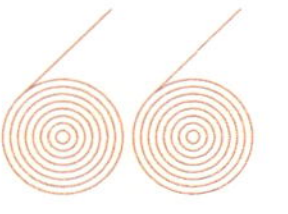

얼마나
우리 삶을
희생해야 할까?

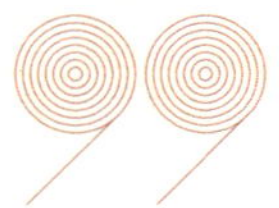

병든 부모 모시기의
어려움에 관하여

부모의 나이는 반드시 기억하고 있어야 한다.

한편으로는 오래 사신 것을 기뻐하고
또 한편으로는 나이 많은 것을 걱정해야 한다.

—

논어

평균 수명이 늘어나면서 오늘날 부부에게 새로운 문제가 생겼다. 부모님이나 그중 한 분이 생존해 있을 가능성이 높다는 사실이다. 부모의 생존은 자식들에겐 행복한 일이지만 빈번한 문제가 생기기도 한다. 보통 어머니 쪽이 더 오래 살고, 때마다 돌봐드려야 하며, 간병을 필요로 하는 경우가 많다.

문제는 이런 상황이 몸이 약해지기 시작하거나 더 많은 여가를 누리고자 하는 중년에 발생한다는 것이다. 체력이 남아 있긴 하지만 잘해낼 수 있을까? 부부 중 누가 담당할 것인가? 똑같이 분담해야 할까? 여자만 감당해야 할까? 얼마나 자주 돌봐드려야 할까?

어머니를 양로원으로 보내는 편이 낫지 않을까? 양로원에는 얼마나 자주 방문해야 할까? 어머니가 간병인 쓰는 걸 허락하실까? 자식들이 얼마나 일을 떠맡아야 할까? 만약 시어머니를 돌봐야 한다면 어떻게 하나? 친정어머니를 돌보는 것보다 더 신경 쓰이는 일인데……

모든 부부가 수잔네와 에데처럼 희생적이진 않다. 이 부부는 허리를 다친 70세의 어머니를 양로원엔 결코 보내지 않겠다고 약

속했다. 둘은 약속을 지켜 어머니와 함께 살았다. 어머니와의 약
속을 진지하게 받아들였기 때문이다. 어머니가 허리를 다쳐 거동
이 불편했다. 그전에는 온 가족을 불러 같이 식사를 하거나 손수
명절을 준비하시기도 했는데…….

어머니와의 짧은 휴지기도 있었다. 수잔네의 이사 때문이었
다. 에데의 누나가 어머니를 모셔 갔다. 이사한 집이 정리되자 수
잔네는 어머니에게 방을 마련해드리고 다시 함께 살았다.

이 부부는 둘 다 직업이 사회봉사 분야였기에 나이 듦과 노년
의 삶에 대해 분명한 개념이 있었다. 어머니는 휠체어로만 이동이
가능했고 나중에는 거의 침대 생활만 했다. 도우미가 와서 목욕을
시키고 간호를 해주었다. 나머지 시간은 부부가 돌봤다.

수잔네는 일종의 전략을 세웠다. 아침과 점심 두 번은 휠체어
를 끌어 어머니를 식탁까지 모셨고, 저녁에는 부부 둘만의 시간을
가졌다. 썩 합리적인 생각이었다. 저녁때 도우미의 도움으로 어머
니가 식사를 끝내면 둘은 자유 시간을 가졌다. 둘은 이따금 외출
을 하기 위해 형제를 불렀는데, 차질을 빚지 않으려면 사전에 잘
조율해야 했다.

이것으로 모든 게 다 해결되지는 않았다. 어머니가 예전부터
해온 취미생활을 어느 정도는 계속 즐길 수 있도록 배려했다. 어머
니는 젊은 시절부터 시 암송을 즐겼다(그 시들을 여전히 외고 있다).
그래서 에데는 어머니를 격려해서 시 암송을 하도록 했다. 어머니

는 기뻐했다. 예전에도 종종 다섯 자녀들에게 시를 읊어주었고, 에데의 형제들도 즐거워했다.

시 낭송은 커피 타임 후에 하는 하나의 의식이 되었다. 가끔 집에 찾아온 친구들은 시를 암송해달라고 하기도 했다. 또한 에데는 어머니에게 함께 시 한 편을 새로 외워보자고 제안했다. 처음에 어머니는 거절했지만 당신이 가장 아끼는 아들과 함께 하는 시 낭송을 매우 즐거워했다.

에데는 어머니가 좋아하는 시 몇 편을 골랐다. 운율을 잘 맞추어야 했지만 모자는 그런대로 쉽게 성공했다. 이런 시도는 정신적으로 허약해진 어머니에게 도움이 되었다. 돌아가시기 몇 달을 제외하고 시 낭송은 어머니가 혼자 지내는 일이 없도록 해주었다.

어머니를 위한 운동 프로그램도 시도했다. 수잔네가 물리치료사한테서 몇 가지 운동법을 직접 배웠다. 어머니는 처음에 안 하겠다고 했지만 아들 내외의 설득으로 결국 간단한 운동은 할 수 있게 되었다. 모든 것이 규칙적으로, 그리고 자연스럽게 진행되었다. 이사 올 때 어머니가 좋아하는 DVD도 가져왔다. 대부분 뮤지컬이었는데, 함께 앉아 보는 것이 가끔 고역이긴 했지만 뮤지컬은 어머니의 기분을 풀어주었다.

병든 부모 모시기는 육체적 · 정신적으로 매우
힘든 일이기에 부부 갈등의 원인이 된다.
하지만 삶의 곤란 속에서도 '부부공동체'를
경험한 부부는 정신적으로 충만해질 수 있다.

사랑과 화해로 끝맺은
고부 갈등

　에데는 어머니가 가장 아끼는 아들이었고 에데는 항상 그런 어머니를 따랐다. 그런데 수잔네는 어떨까? 어머니는 아들한테 한 것처럼 수잔네에게도 사랑스러운 미소를 띄워주었을까?

　전혀 그렇지 않았다! 수잔네는 어머니가 좋아하는 며느리가 아니었다. 수잔네는 에데가 두 번째로 맞은 아내였다. 에데는 젊은 시절, 짧게 한 결혼생활에서 실패를 맛보았다. 수잔네가 결혼한 지 오래되었는데도 어머니는 가끔 이전 며느리를 입에 올리며 "에데의 각시"라고 부르곤 했다. 처음에 수잔네는 엄청 화가 났다. 고부관계가 좋을 리 없었다. 지금도 어머니는 옛 감정을 그대로 드러내곤 했다. 어머니는 수잔네와 함께 운동을 하거나 텔레비전을 볼 때 "에데는 왜 시간이 없다냐?" 하며 언짢은 표정으로 물었다. 때때로 에데하고만 말을 하고 수잔네는 아예 없는 사람 취급하는 날도 있었다.

　어머니가 다르게 대해주는 날도 있었다. 기분이 좋아지면 돌아가신 시아버지 얘기도 들려주고 전쟁 통에 벌어진 그의 연애사건 같은 (가족에게는 다 알려진) 작은 비밀들도 털어놓았다. 어머니는 좋은 점도 있었지만 다루기 쉬운 사람은 아니었다.

수잔네는 어땠을까? 이 모든 것을 참아냈다고 하면 천사 같은 며느리로 생각할지도 모르겠다.

하지만 수잔네는 천사가 아니었다. 수잔네는 많이 아팠던 친정 엄마를 남편이 간병해준 것에 항상 고마움을 느꼈다. 남편에게 진 빚을 갚는다고 생각하면 시어머니 돌보는 일이 쉬워졌다. 무엇보다 남편은 언제나 그녀의 편이었다. 그래서 남편에게 불평을 털어놓을 수 있었고 점점 심해지는 시어머니의 짜증을 함께 웃어넘길 수 있었다. 혹 시어머니가 수잔네에게 심한 말을 하면 남편이 가만있지 않았다. 그럴 때에는 결코 어머니가 아끼는 '착한 아들'이 아니었다. 그런 남편의 행동은 외려 어머니에게 긍정적인 효과를 냈다.

돌아가시기 얼마 전, 침대에만 누워 시 낭송도, 운동도, 그 어떤 것도 할 수 없게 되었을 때 시어머니는 수잔네에게 고마움을 표했다. "얘야, 우리 착한 며느리……" 하고 속삭였다. 시어머니의 갖은 잔소리와 짜증을 늘 기억하고 있었던 수잔네도 가슴이 뭉클했다.

시어머니가 조용히 세상을 떠나자 수잔네는 슬펐다. 한동안은 시어머니를 돌보던 때를 그리워하기도 했다. 마지막 몇 달은 어머니가 수잔의 기력을 완전히 앗아갔는데도 말이다.

대부분의 부부가 수잔네 부부처럼 할 수 있다고 생각하진 않는다. 또 그렇게 해야 한다고 생각하지도 않는다. 안타깝게도 부모나 자식의 집에서도 해결 안 되는 매우 어려운 간병 사례도 많다. 병든 부모와 자식 간의 균형을 맞추는 일은 정말 쉽지 않다.

병든 부모를 간병할 때 알아두어야 할 것들

한 사례를 보자. 일제는 한 달 중 3~4일간 엄마 아빠를 돌보기 위해 1천 킬로미터 거리를 운전해 간다. 나머지 주말은 다른 형제들이 돌본다. 일제에게 장거리 운전은 쉽지 않았고 남편 발터는 이 일을 내켜 하지 않았다. 그때마다 둘이 대화를 나눴고, 더 나은 방법을 내놓은 발터의 조언도 별 쓸모가 없었다.

일제가 가방을 쌀 때마다 냉랭한 기운이 돌았다. 이런 일이 2, 3년 계속되었다. 석 달 간격으로 장인, 장모가 돌아가셨을 때에도 발터는 별로 슬퍼하는 기색을 보이지 않았고, 아내에게 그런 자신을 숨기지 않았다. 일제는 이 일을 떠올리고 싶어 하지 않는다. 일제는 남편이 고초를 함께 이겨내기에는 역부족인 사람이라고 생각했다.

"남편이 나와 함께 장인, 장모한테 갈 수도 있었죠. 하지만 그는 늘 다른 일이 있었어요. 테니스 시합이나 복식 경기 같은 것들이요."

발터는 입을 다물고 있었다. 그의 양심이 아주 편치는 않은 것 같았다. 부모를 보살피는 일은 고되고 피곤한 일이었다고 일제는 말했다. 늘 부모님을 부축하고, 휠체어를 바로 세우고 하는 일들을 했기에 계속해서 허리가 아팠다. 간병인이 간혹 도움을 주기는 했지만 점점 힘들어지는 치매 증세를 보이는 부모님과의 나날들은 길고도 길었다.

일제는 남편에게 시어머니에 대해 불평했었다.

"여보, 올 성탄절 이브 때 양로원에 계신 시어머니 꼭 모시고 와야 돼? 오시면 자정까지는 머무르실 텐데. 어머님은 늘 똑같은 소리만 하시잖아. 옛날엔 성탄절 파티가 얼마나 근사했는지, 화려한 장식과 만찬을 즐기고, 온 가족이 모여 놀이도 했다며……. 집안 대대로 물려준 비싼 보석들하고 장식이 주렁주렁 달린 당신네 크리스마스트리가 우리 것보다 훨씬 멋있었다고 말씀하시겠지!"

이 말을 듣는 남편은 얼굴이 굳어진다. 해마다 하는 파티가 남편도 썩 내키지는 않았다. 지겹게 반복되는 자기 어머니의 이야기에 자식들뿐 아니라 손자들까지도 짜증스러워한다는 걸 알기 때문이다. 가족들을 이해 못 하는 건 아니지만 남편은 과거에 집착하는 어머니를 보면 울컥한다. 반면에 아내의 양친은 다 생존해 계신데다 누구에게도 의존하지 않고 살아갔었다. 장인장모는 보통 크리스마스를 여행지에서 보냈으며, 고릿적 얘기로 자식들을 지루하게 만들지는 않았다. 아내는 건강하고 젊은 친정 부모와 시어머니를 늘 비교하며 이런 점을 불평했다. 남편은 자기 어머니가 돌아가시자 바로 이 부분에서 아내에게 깊이 가시가 박힌 모양이었다.

부모와 자식 간의 관계는 대개 간병하면서 역전된다. 부모에 대한
미움이 컸더라도 결국에는 동정심으로 바뀐다. 부모 모시기를 통해
우리는 자신이 어떤 사람인지를 알 수 있게 된다.

종종 이렇게 마음의 앙금은 금전 장부에 남아 있는 빚처럼 지워지지 않는다. 에데와 수잔네의 사례처럼 양쪽 부모를 다 돌보는 경우는 매우 드물다. 그런 경우, 어느 쪽이 어떻게 모실지를 서로 의논하면서 일을 처리하면 문제가 수월해진다.

수잔네는 시어머니가 쉬운 편은 아니었지만 의연하게 대처했고 시어머니와 어느 정도 거리를 둘 수 있었다. 수잔네와 다른 경우라 하더라도 수잔네 사례가 큰 도움이 될 수 있다.

내 부모가 어려운 분들이라는 것, 부모 모시는 일이 너무 힘들다는 걸 파트너에게 호소하는 것은 심리적으로 크게 부담을 덜어준다. 수많은 부부싸움에서 보듯, 파트너가 내 입장을 이해하지 못한다는 느낌이 들 때 갈등이 생긴다.

"가끔 엄마는 정말 너무 힘들어." "어머니는 이 모든 시련을 다 견디고 우리를 위해 헌신하셨어." 이런 의견에 부부가 동감해준다면 갈등은 줄어든다.

사랑한다면

상대를 바꾸려 하지 말라

부모를 모시는 일은 파트너를 '완전히 다르게' 보이게도 한다.

거칠고 고집 센 아내가 아주 부드러운 간호사가 되는 수도 있다. 달라진 아내는 시어머니를 위해 모든 일을 마다하지 않으며, 시아버지에겐 베란다에서 담배를 태우시라고 온화하게 말하기도 한다. 남편에겐 짜증을 내거나 무슨 말을 해도 잘못됐다고 타박을 하면서 말이다. 노인을 대하는 아내의 부드러운 어조에서 남편은 아내가 시아버지를 더 존중하고 있음을 알아챈다. 아내는 말한다. 부모님은 더는 '교육'시키려 하지 않을 뿐이고, 당신은 '교육'시킬 필요가 있다고. 하지만 남편은 아내가 자신을 배려하지 않는 것이 언짢다.

우리는 노인들이 '교육'으로 바뀌지 않는다는 사실을 늙은 부모를 겪으면서 배운다. 노인들의 기본 성향은 바뀌지 않으며, 치매가 아닐지라도 바뀌지 않는다. 늙은 아담과 이브는 온갖 환경 변화에도, 설사 치매라 하더라도 기본 성향은 바뀌지 않는다. 그러므로 교육으로 문제가 해결되지 않는다. 이런 인내심을 남편에게도 발휘해주면 얼마나 좋을까? 그런데 이런 인내심이 어려울까?

종종 쇠약해진 부모를 인내하는 일이 모자란 파트너를 견디는 일보다 쉽다. 부모와 자식 간의 관계는 대개 간병하면서 역전된다. 부모에 대한 미움이 컸더라도 결국에는 동정심으로 바뀐다. 병든 부모는 자식을 훈육하고 질책하는 '선생님'(물론 친구 같은 부모도 있긴 하지만)이 더 이상 아니다.

하지만 부부의 경우는 다르다. 부부 사이에는 늘 동등한 관계

를 유지하려는 심리가 작동하기 때문에 합리적인 태도를 취하기
가 쉽지 않다. 그래서 종종 불만이 터져 나온다. "저이는 바뀔 수
있는데 왜 그러지 못하지?" "치매도 아니고 완전 고집불통이잖
아!"

　이런 말들이 오가는 부부는 늘 그런 식으로 살게 된다. "파트
너를 바꿀 수 있어!", "파트너를 내 생각대로 바꿔놓을 수 있어야
돼!", "파트너가 바뀌어야 행복하게 살 수 있어". 이런 생각은 애초
에 버려야 한다. 나이 든 부모가 바뀌지 않듯, 파트너도 안 바뀐
다. 바뀔 것이란 기대를 포기하고 사는 게 훨씬 유익하다.

　힐데는 이 문제를 잘 이해하는 사람이다. 남편 페터는 자기만
의 세계에 빠지길 잘하는 내향적인 성격이다. 그러나 관심 있는 주
제가 생기면 활발하게 참여한다. 그런데 지금은 어떤 토론에도 끼
지 않고 혼자 있기를 원한다. 힐데는 그런 남편을 받아들였다. 그
를 이해했기 때문이다.

　그런데 문제는 자식들이 집에 올 때이다. 자식들이 아버지를
성가시게 군다. 아버지가 이런 상태에서 벗어나야 한다고 하면서
온갖 충고로 아버지를 괴롭혔다. 힐데는 이런 억지가 남편에게 좋
지 않다는 걸 잘 안다. 자식들이 가고 나면 남편은 안도의 숨을 쉰
다. 자식들은 아버지가 더 많이 움직이도록 엄마가 노력해야 한다
고, 그래야 아버지가 다시 활기를 찾을 거라고 충고한다.

　그러나 자식들보다 힐데가 더 잘 안다. 두 사람 관계는 과거에

는 매우 친밀했다. 그런 이유로 자식들이 고통 받았을 수 있을 정
도로. 자식들이 자기들을 내팽겨쳤다고 생각할 정도로. 그래서 자
식들이 엄마를 비난하고 있는지도 모른다.

"그가(그녀가) 하려고만 한다면, 할 수 있을 텐데"라는 생각은
파트너와의 충돌을 부른다. 하지만 대개 노년이 되면 이런 문제가
사라진다. 더 이상 상대에게 요구할 수 없다고 느끼기 때문이다.
쇠약함이 너무 커서 자신을 잃어버리지 않으려면 옛 방식을 고수
해야 할지도 모른다. 예를 들어, 쇠약해진 사람은 적어도 정신만
이라도 잃지 않기 위해서는 고집을 피우는 것이 도움이 된다. 어떤
사람이 평생 수동적인 태도로 살았다면 그런 자신을 버리는 것도
좋을 수 있다.

"난 늘 연약한 여자였지." 감상적인 나의 할머니가 즐겨 하시
던 말이다. 할머니는 '연약함'이 기품 있는 것이라고 생각했다. 할
머니는 팔순이 넘어도 연약함을 자기만의 특별한 개성으로 생각
하고 그렇게 처신했다. 자식과 손자들도 당연하게 받아들였다. 할
머니는 항상 그랬다. 많이 약해지자 할머니는 더 심하게 변했다.
바나나까지 데워서 입 안에 넣어주어야 했다. "난 늘 위가 약해서
말이야"라며 할머니는 말씀하셨다.

고령 부모를 모시는 일은 종종 체력의 한계를 느끼게 한다. 이
럴 때 부부가 지금 가능한 여러 가지 일들을 함께 의논하는 것이
야말로 부부공동체라는 소속감을 준다. 부모가 돌아가신 후, 어

려운 일까지 모든 걸 함께 해냈다고 말할 수 있는 부부는 서로에 대한 친밀감이 높아진다. 이런 느낌은 부부생활에 행복감을 준다.

늙은 부모를 돌보는 문제는 부부를 정신적, 육체적으로 극단까지 몰고 갈 수 있다. 이 사실을 외면한다면 위선일 것이다. 때로 이런 상황이 극단적인 분노를 불러올 수도 있다. 파트너에 대한 분노, 부모에 대한 원망, 특히 내 부모가 아닌 경우라면 상황은 더욱 심각해진다. 이 문제는 결혼생활을 해나가는 부부의 시험대이다. 여기서 어느 정도나 인간성을 지킬 수 있을지, 의지가 얼마나 강하고 또 얼마나 약한지가 고스란히 드러난다. 그러니 우리는 부모 모시기를 통해 자신을 똑바로 볼 수 있어야 한다.

훗날 더 나이가 들면 어떻게 처신해야 할까? 나와 자식들의 관계는 어떨까? 자식들이 나를 흔쾌히 돌봐줄까? 내가 부모를 어떻게 대했는지 기억이나 해줄까?

얼마나
우리 삶을
희생해야 할까?
—
병든 부모 모시기의
어려움에 관하여

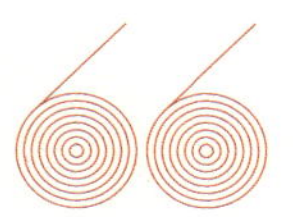

아직도 내게 욕정을 느낄까?

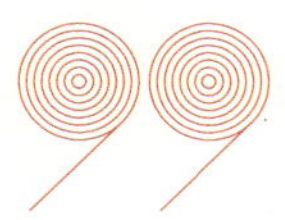

나이 드는 몸과 성생활에 관하여

결혼을 이루는 것은
결혼식이나 정부에서 발행한 종잇장이 아니라

바로 친밀감이다.

—

캐슬린 노리스

　　나이 들수록 성생활 고민은 입에 올리기 어려운 문제로 치부된다. 친구들 사이에서도 그렇고 부부 심리치료에서도 그런 경향이 보인다. 여자들보다 남자들이 더 그렇다. 많은 사람들이 친구 또는 지인들과 이 문제를 공유한다면 부담이 적어질 것이다.

　　젊은 시절의 성적 욕구는 남녀가 서로 많이 다르다. 많은 연구 결과가 보여주듯, 나이 든 사람들도 육체적인 사랑, 더 나아가 성생활에 대해 여전히 관심이 많지만 부끄러워한다. 부끄러워하는 쪽은 남자보다 여자 쪽이다.

　　나이 든 남자들이 과연 잘할 수 있는지, 얼마나 자주 할 수 있는지는 우리가 종종 가볍게 농담하거나 과장되게 말하는 주제이다.

　　나이 들어 성 문제에 그리 비중을 두지 않는 것에 대해 중장년들은 다행이라고 생각할 것이다. 여자 쪽이 더 그리리라. 여자들은 성 문제가 그다지 중요하지 않고, 다정하게 대해주는 걸 원하며, 남자가 부드럽게 애무해주면 좋아한다. 여성들은 섹스를 필요로 하지 않는 경우도 많다. 끝까지 잘되지 않으면 우습게 보일까 봐 몸을 사리는 쪽은 오히려 남자들이다.

　　성에 대한 수많은 계몽에도 불구하고 불필요하고 좋지 않은 오해가 생기는 까닭은 여전히 섹스를 이성적으로 이야기하지 못하기 때문이다.

나이 든 부부들은 성에 대한 다양한 정보를 받아들이긴 하지만, 그렇다고 성 문제를 자연스럽게 이야기할 정도는 아니다. 손자 손녀들이 거리낌 없이 '고추', '찌찌'라고 말하듯이 입에 올리지는 못한다. 어린애들이 그렇게 말하면 약간 창피해하는 게 일반적 반응이다. 아내와 남편은 은밀한 부분을 별칭이나 실제 이름으로도 부르지 않는 게 보통이다.

이와는 다른 측면에서도 고려하는 것이 있다. 부부에게 성생활이 중요하다는 생각이 지배하는 사회에서 살고 있기에, 절제를 하면서도 섹스 없는 부부로 보이고 싶어 하지 않는다는 것이다. 물론 친구들이나 지인들에게 성적 농담을 하기도 하지만, 그렇다고 직접적으로 말하는 일은 드물다.

섹스보다 중요한 건 육체적 친밀감

"우리는 침실을 따로 써요. 필립이 코를 심하게 골아서요." 요나는 말했다. "그렇지만 섹스가 중요하진 않아요. 아무 의미도 없잖아요"라며 약간 자신 없는 목소리로 말한다. 주변 사람들이 그들이 섹스를 한다고 믿든 말든 요나가 걱정할 필요는 없다. 물론 나도 요나의 성생활에 대해 모른다. 그러나 그녀가 섹스를 원하고 있는 것처럼 보였다.

오늘날 부부의 성 문제는 서로 엇갈리는 몇 가지 가치관이 대립하고 있다. 얼마나 자주 하는가? 그리고 하긴 하는가? 섹스를 하지 않는다면 문제는 없는가? 섹스리스 부부들은 어떤 방식으로 살아가는가? 이런 질문들을 은밀하게 궁금해하면서 다른 부부가 어떻게 생각하고, 어떻게 하는지에 대해 정말로 알고 싶어 한다.

레오니는 오래전부터 남편과는 전혀 '안 한다'고 스스럼없이 말했다. 그녀는 이 사실을 받아들이고 침실을 따로 쓴다. 육체적인 애무 행위도 당연히 안 한다고 했다. 레오니의 경우가 당연한 것은 아니다. 섹스를 안 해도 부드러운 애무 같은 육체적 행위는 할 수 있으며, 이는 매우 중요하다. 그렇지만 레오니는 그런 행위가 어쩐지 부자연스럽다고 여긴다.

"남편이 나를 좋아하지 않기 때문에 나도 그이한테 아무것도 원하지 않아요."

그건 잘못된 생각이라고 나는 말했다. 레오니는 언짢아했다. "육체적 행위를 통해 관계가 더 활력을 얻지 않을까요?"라고 권유했지만 레오니는 한 발짝도 물러서지 않았다. 그녀의 남편은 창피해했다.

　　루시의 경우를 보자. 놀랄 만큼 정력적이고 건강한 루시는 성 문제에 있어서 훨씬 지혜롭다.

　　"섹스를 하지 않아도 남편은 꼭 내가 옆에 누워주기를 바라요. 그는 정말 다정하고 부드러워요. 그래서 가끔 애무를 받다 보면 흥분이 되는데, 이런 게 정말 좋아요. 그리고 남편은 이런 나를 보는 게 좋고, 자기도 얻는 게 많다고 말해요."

　　루시는 남편의 애무가 환상적으로 좋고, 그의 부드러운 애무가 그녀에겐 아주 중요해서 매일 저녁이 기다려진다고 한다.

　　성생활을 잘하고 또 잘 활용하기 위해서는 새로운 사고와 창조적인 능력이 필요하다. 믿을 만한 연구 보고들이 이를 잘 말해준다. 성행위와 성 문제는 그것이 어떤 모습을 띠든 창의적으로 대응해야 한다는 것이다.

　　성 문제는 둘의 욕구가 서로 다르다는 데 어려움이 있다. 나이 들면 여자들이 젊을 때와 달리 욕구가 사라진다고 불평하는 남자들이 많다. 이는 부부싸움의 원인이 되기도 한다. 그러니 새롭고 창의적인 해결책을 찾는 수밖에 없다.

　　헬렌은 남편이 자위를 할 수 있도록 돕고 용기를 준다. 남편의 자위행위를 즐겨 지켜본다고 그녀는 솔직하게 말한다. 내가 물었다. "헬렌은 왜 직접 하고 싶어 하지 않아요?"라고 물으니 그녀는 위선을 떨고 싶지도 않고, 아프다는 것이다. 젊은 시절에도 별로 열정적으로 하고 싶지 않았고, 지금도 그런 성향을 바꿀 마음이

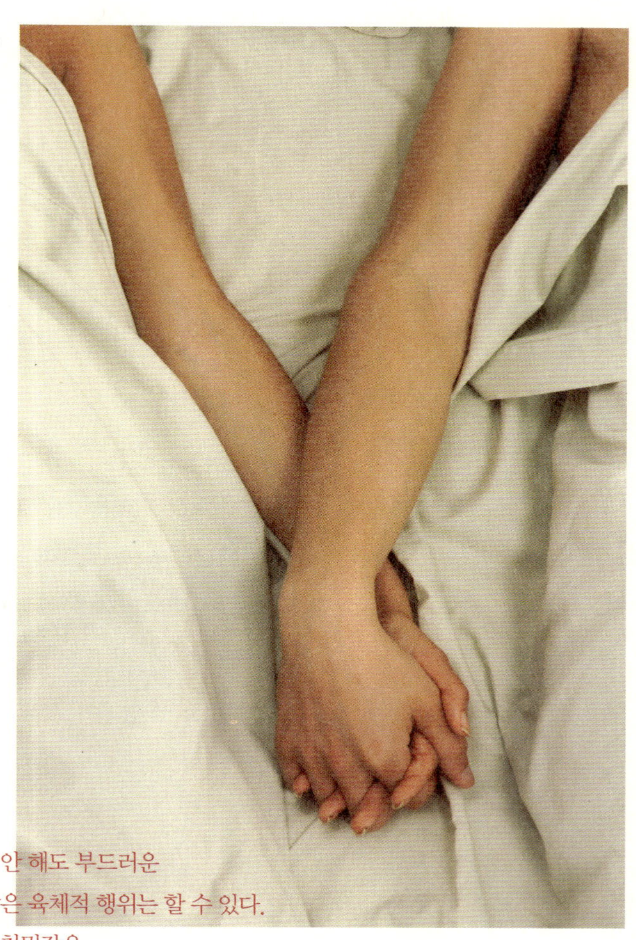

섹스를 안 해도 부드러운
애무 같은 육체적 행위는 할 수 있다.
육체적 친밀감은
유대감을 높이고 마음의 상처를
치유해준다.

없다.

하지만 그녀는 남편에겐 성행위가 필요하다는 걸 안다. 그래서 인터넷에서 '에로틱한 태국 마사지 소녀'를 검색해서 가입을 한 후 소녀의 성 테크닉을 배웠다. 소녀는 아주 친절했고, 그 시간은 정말 즐겁고 좋았다. 가끔 그렇게 배운 걸 남편에게 시도하고, 남편은 오르가슴에 이른다.

이런 흔치 않은 사례를 듣고 나는 많이 놀랐다. 헬렌의 솔직함에 경탄했다. 자신은 언제나 억척스러운 여자였고, 지금도 그렇다며 헬렌이 웃으며 말한다.

에리카도 종종 남편에게 많은 인내가 필요하지만 그래도 이 인내가 보상받는다고 말한다. "솔직히 난 별로 즐겁지 않아요. 그렇지만 그이가 행복해하는 걸 보면 만족해요." 그렇다면 에리카는 욕구가 없는 걸까? "난 자위로 쉽게 오르가슴에 이르는걸요. 하지만 은밀하게 해요. 남편을 불안하게 하고 싶지 않아서요. 또 이 일이 더 이상 그다지 중요하지 않아요, 제게는."

이런 방법도 하나의 해결책이다. 에리카는 남편을 사랑한다. 섹스는 그녀에게 그렇게 중요치 않고, 남편은 섹스로 기뻐한다. 에리카의 지혜로움을 보면, 솔직함이 유일한 방법은 아니라는 걸 알 수 있다.

자기 스스로 육체적으로 만족스럽지 않을 때 그런 자신과 화해하는 것이 어렵다. 많은 여성들은 자신에 대해 이렇게 생각한다.

"남편이 축 처진 가슴을 가진 마누라를 아직도 사랑할까?" 젊고 예쁜 여자들이 남편의 눈을 반짝거리게 하는 것이 아내들은 아프다. 아내들은 이를 슬기롭게 유머와 재치로 받아넘길 수도 있다. 오래 같이 산 아내들은 "정말 다르다"고 남자들은 설문조사에서 답하는데, 이 말이 핑계만은 아니다. 실제로 연륜 있는 아내는 정말 다르며, 이것이 나쁜 건 아니다.

대개 육체적인 관계를 잘 유지하는 것이 섹스보다 훨씬 더 중요하다. 그리고 이는 나이와 상관없이 유지될 수 있다. 나이 들어도 오직 이 부부에게만 있는 정말 특별하고도 유일한 윤활유가 있을 수 있다. 물론 침실을 따로 쓰는 이유도 있을 수 있다. 그러나 따로 자는 이유가 단지 코를 골고, 숙면을 취하기 어려워서, 혹은 다른 합리적 이유들 때문인지, 왜 서로 그런 거리를 두는지, 명확하게 알 필요가 있다. 설령 근거가 타당하다 해도 잠이 들 때나 아침에 부드럽게 애무하는 것은 언제나 할 수 있어야 한다. 이는 일상의 피곤함과 어려움으로 생긴 생채기를 치유해주고, 그런 느낌을 준다.

"그는(그녀는) 여전히 내 몸을 좋아하는구나, 나는 여전히 그에게(그녀에게) 여자야(남자야)."

가장 중요한 순간은 지금 이 순간이고,
가장 중요한 사람은 지금 당신과 함께 있는 사람이며
가장 중요한 일은 바로 그 사람을 위해 좋은 일을 하는 것입니다.

11

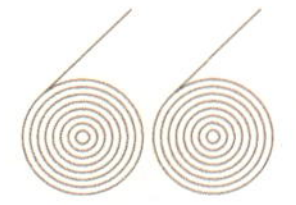

질병 앞에서
사랑을
지킬 수 있을까?

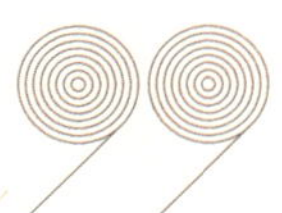

예고 없이 닥친 질병 앞에서
사랑과 믿음을
지키는 방법

한 사람이 다른 사람을
사랑하는 것.

　　　이는 모든 일 중 가장 어려운 일이고,
　　　궁극적인 최후의 시험이자 증명이며,

그 외 모든 일은 이를 위한 준비일 뿐이다.

—

라이너 마리아 릴케

약해지는 몸,
무너지는 정신

　이것은 서서히 눈치 채지 못하는 사이에 시작된다. 빠르게는 사십, 오십 먹으면 이런 증상이 나타난다. 단어가 잘 떠오르지 않고, 생각했던 일이나 할 일을 금방 잊어버리는 것, 사람 이름이 잘 기억나지 않는 것 등이다. "저 사람 이름이 뭐였더라?" "내가 방금 무슨 말을 했지?" "지금 뭐 하려고 그랬지?" 한참 나중에야 제대로 생각난다. 이럴 때 마음이 위축된다.

　젊은 부부들을 보면 "좋을 때야. 그때로 돌아갔으면……." 이런 말을 하는 자신이 가련하다.

　나이 들수록 새로운 일을 받아들이거나 해내는 게 쉽지 않다. 약해지는 몸과 정신을 생각하면 더욱 무력해진다.

　몸뿐 아니라 정신도 서서히 약해진다. 누구나 몇 번은 실수하게 마련이며, 그러다 보면 실수가 아니라 진짜 그럴까봐 겁이 난다.

　사람마다 위협으로 느껴지는 신호는 다르다. 생각이 다르고 육체의 취약함이 다르기 때문이다. 물론 많은 위험을 사전에 예방할 수는 있다. 운동과 훈련으로 젊을 때부터 정신과 육체의 약점을 보완할 수 있다. 그러나 이런 말들이 언제나 위안을 주지는 않는다. 오히려 그 반대다. 몸과 정신이 서서히 약해지기 시작하면 오히려 자책감이 들기 때문이다. "꾸준히 운동했더라면!" "뇌를 단련시키는 일을 할 걸!" "책을 읽을 때 기록을 했더라면!" 했더라면, 했더라면…… 이 목록은 끝이 없으리라.

나이 들면 몸 대신 마음의 지혜가 생긴다는 말이 늘 위안이 되진 않는다. "정말 그게 나한테 해당되는 말일까? 또 내 남편에겐 (또는 아내에겐)?" 지금 중요한 건, 대화가 끊기지 않도록 책 제목을 알고 싶다는 사실이다. 남편의 도움 없이도 잼 뚜껑을 열고 싶다는 것이다. 컴퓨터는 말할 것도 없고, 문서를 작성하고 페이지를 매기는 일에 누구의 도움도 받고 싶지 않다.

우리가 알아채기는 어렵지만 이런 문제들은 서서히 쌓여간다. 그리고 점점 피곤해진다. 낮잠으로 피곤을 물리친다. 그런데 이래야만 하는 걸까? 예전에는 컨디션이 좋았는데…….

예고 없이 찾아온
남편의 질병

레오니는 남편보다 열두 살이 적은데, 남편에 대한 인내심이 없다. 남편 루돌프는 미술품 복원사라는 직업을 사랑한다. 남편의 직업으로 넉넉한 생활을 할 수는 없었다. 남편은 젊을 때보다 공

상이 더 많아졌다. 레오니는 이를 친절하게 봐주지 않았다. "그이
는 정신박약아야"라며 친구들에게 남편을 험담했다. 남편이 쓰레
기를 내다버리고 시장 가서 돼지 목살 사오는 것을 잊을 때마다
짜증이 난다. "그걸 잊어버려? 당신한텐 이제 아무것도 맡길 수가
없잖아."

　레오니는 친구가 운영하는 가구점에서 일한다. 남편이 외출하
면 작은 집을 독차지할 수 있어 좋다고 말은 하지만 레오니는 화
가 난다. 아들은 끼어들지 않는다. 아빠가 집안일을 잘 도와주지
않는다고 그녀가 투덜대면, 아들은 "엄마도 참……" 하다가 만다.
가게 일을 해서 버는 돈으로 남편 용돈도 준다. 그녀는 남편이 좀
더 가정 일에 신경 써야 한다고 생각한다.

　그러다 남편이 경미한 뇌졸중에 걸리자 레오니는 충격에 빠졌
다. 이제는 남편에게 어떤 비난도 할 수 없게 된 것이다. 두 사람을
잘 아는 의사가 남편한테 그러지 말라고 조언했기 때문이다.

　모든 일이 그리 나쁘게 돌아가지는 않았다. 남편의 병세는 어
느 정도 회복되었다. 지팡이를 쓰는 것도 그리 최악은 아니었다.
하지만 더 약해지고 더 조용해졌다. 남편은 마음 놓고 놀러 다니
지 못하는 것에 크게 상처받았다. 누굴 비난하거나 투덜대지도 않
고 남편은 저 혼자만의 세계로 빠져드는 일이 많았다.

　레오니는 어떨까? 이제 그녀는 늙는다는 것, 허약해지는 것이
뭘 의미하는지 알 것 같았다. 넘치는 활력과 힘이 영원히 지속되지

않을 것임을 느끼고 있다. 이런 생각은 남편에 대한 인내심을 갖는 데 도움을 주었다. 아들도 방관하지 않았다. 아들은 아버지가 아프자 대신 운전도 해주고 필요한 정보도 주었다. 이런 변화는 레오니를 깜짝 놀라게 했다. 아들의 행동에 레오니는 사태의 심각성을 깨달았다. 뇌졸중이 다시 올 수도 있고 더 나빠질 수 있다고 의사가 경고한 것이다.

레오니는 가게를 그만두고 집에 들어앉았다. 마치 끔찍한 일을 막으려는 듯. 남편을 잃어버릴 수도 있다는 생각이 그녀를 얼마나 소름 끼치게 했는지 경험했기 때문이다. 19세부터 함께해왔기에 남편 없는 인생은 생각할 수 없었다. 그러나 현실은 다르다. 레오니는 인내를 배운다. 물론 더 활동적인 남자라면 질병과 더 잘 싸울 테고, 더 많은 운동을 하고, 노력을 할 것이다.

그러나 이제 레오니는 있는 그대로의 남편을 받아들이기로 했다. 남편은 결혼생활에 좋은 것을 많이 가져다주었다. 레오니가 자아실현을 한답시고 이것저것 해볼 때도 별로 방해하지 않았다. 치료사가 된다며 탄트라 명상 워크숍에 참가하질 않나(남편은 이론도 공부하지 않고 레오니처럼 하는 걸 정말 쓸데없는 짓이라고 생각했지만 겉으로 내색하지는 않았다), 심지어 채식으로만 살아야 한다며 고기를 끊질 않나……. 아내가 설쳐대도 그녀의 활력, 손님을 접대하는 재치와 아들에 대한 배려 같은 장점을 남편은 좋아해주고 칭찬했다. 그녀는 보호받고 있었던 것이다.

그녀는 남편을 의지할 수 있었다. 이런 남편을 그녀가 제대로 보지 못한 것뿐이다. 그가 약간 건망증이 있고 공상적이긴 하지만, 열아홉 철부지 여자에게 구애하던 시절부터 남편은 늘 변함없이 그녀를 위해 있었다.

암 선고 후
부드러워진 남편

질병, 허약함, 죽음. 이는 모든 부부가 겪는 인생의 일부이다. 오늘날 젊은 부부들은 이 사실을 잊고 산다. 좋은 여행, 즐거운 취미생활과 관심사, 바쁜 직작생활 등 인생의 다사다난함이 미래에 닥칠 위협을 망각하게 한다. 심지어 나이 든 부부도 닥칠 위협을 잊고 사는 경우가 많다. 이는 다행일 수도 있다. 앞으로 몇 년을 더 살지 계산하며 산다는 것은 얼마나 끔찍한 일인가. "얼마나 살 수 있을까? 30년? 40년?" 그런데 10년이 될지, 5년이 될지 어떻게 안단 말인가.

헤르타는 노년기의 위험에 대해서는 조금도 생각해보지 않았다. 1년 전에 무릎 수술을 하긴 했지만 그쯤은 누구나 하는 거였다. 수술이 성공하면 다시 예전처럼 여행을 가리라. 남편 루드비히

질병, 허약함, 죽음. 이는 모든 부부가 겪는 인생의 일부이다.

미래에 닥칠 위협 앞에서 고통스러운 변화들을 내면으로 깨달으며

운명을 받아들이는 것, 이것이 나이 듦의 지혜이다.

는 그녀보다 약간 나이가 많았지만 '영원한 젊은이'였다. 건장하고 살도 찌지 않고 여전히 좋은 모습이었다.

변고는 남편이 건강검진을 받으면서 일어났다. 운동선수였던 그는 항상 자기 몸 관리에 신경을 썼고, 그럴 만한 가치가 있었다. 그러나 운명은 비껴가지 않았다. 대장암 진단이 내려졌다. 곧 병원에서 수술을 받았다. 의사들은 남편의 회복 전망이 그리 좋은 것은 아니지만 그렇다고 참담한 것도 아니라고 했다. 수술, 방사선, 항암치료, 후속 조치와 새로운 검사들, 다시 새로운 항암치료. 삶이 완전히 뒤죽박죽되었다.

헤르타는 어땠을까? 그녀에게 늘 밝고 남성적이던 남편이 갑자기 무너져버렸다. 불안해하고 겁먹고 잘 우는 남편은 그녀가 모르는 남자였다. 그러나 그것이 강했던 남편의 다른 모습이라는 걸 깨달았다. 남편은 부드러워졌다. 심지어 연약해졌다. 헤르타는 남편의 변화가 놀라웠지만 갑자기 다른 감정이 느껴졌다. 남편이 '수컷' 냄새를 풍기며 행동할 때 얼마나 많은 싸움과 냉랭함이 있었던가. 이제 그녀는 남편의 온화함과 감사함이라는 면을 알게 되었다. 걱정은 많았지만 그녀는 이를 행복감으로 느꼈다.

얼마나 자주 그녀는 결혼생활을 비관했던가! 얼마나 자주 모든 걸 포기하려고 마음먹었던가! 그런데 이제 분명해졌다. 얼마나 많은 걸 남편이 그녀에게 줄 수 있는지, 그리고 그가 이전 시절을 얼마나 감사하게 생각하는지.

남편은 상태가 호전되었는데도 부드러운 면은 사라지지 않았다. 남편이 다시 밝아졌다. 훨씬 더 신중하고 사려 깊은 사람이 되었다. 암은 여전히 위협적인 병이지만 한 걸음 뒤로 물러난 듯 보였다. 결혼생활의 첫 번째 '어려운 시험'을 통과했다고 이들 부부는 생각했다. 그리고 앞으로도 이런 시험을 통과해야 할 거라고 생각한다.

시험대에 오른 
사랑

헤르타와 반대의 경우도 있다. 그레테는 건강한 남편을 그리워한다. 남편이 병상에 들자 그레테는 자꾸 삶을 포기하고 싶다는 생각이 맴돈다. 남편과 함께 지내는 요양병원에는 재미있는 사람들도 많고, 또 남편이 항상 같이 있기에 안전하다고 느낀다. 그런데 남편은 이제 이전에 함께 했던 것들을 하고 싶어 하지 않는다.

쾌 고급스러운 병원인데도 스프 속에서 머리카락을 발견하곤 한다. 식사는 질이 낮고, 청소부는 그다지 청결하지 않으며, 정원엔 그늘을 찾기도 힘들고…… 이런 불평불만을 늘어놓으면 자식들은 짜증스러워한다. 자식들 조언도 도움이 안 된다.

폴커의 경우를 살펴보자. 목사인 폴커는 교인들과 함께 고난과 궁핍에 대해 자주 이야기했다. 또 고통과 질병, 죽음의 '의미'에 대해서도 힘주어 말하곤 했다. 그러던 어느 날 밤 폴커의 삶이 시험대에 올랐다. 부인이 뇌졸중으로 갑자기 쓰러지게 된 것이다. 아내를 이제 누군가가 돌봐야 하고, 병원에서 재활운동을 한 다음에도 간호를 받아야 한다. 의사는 병세는 호전되겠지만 희망을 가지라고는 말하지 않았다. 아내 리사는 반쪽이 마비되었고 온갖 언어교정 치료를 했지만 말하는 능력은 되돌아오지 않았다.

많은 교회 사람들이 폴커를 도왔다. 사람들이 아내를 돌보고 식사도 준비해주었다. 처음에 폴커는 기뻤고 감사했다. 아내가 이렇게 빨리 쓰러질 줄은 생각지도 못했다. 아내는 언제나 민첩하고 활력이 넘치고 부지런한 사람이었다. 몇 주 동안은 모든 게 잘 풀렸고 도움을 주는 사람들도 잘해주었다.

그러고 나자 폴커가 모든 것을 관리하고 일상을 꾸려가야 했다. 두 딸은 별 도움이 못 됐다. 폴커는 자신이 좋아하는 일을 부담 없이 할 수 있는 처지가 아니었다. 모든 것이 어려워졌다. 점점 답답해졌다. 그가 교단에서 외쳤던 고난의 '의미'도 아무런 도움이 되지 않았다. 대체 어디에 의미가 있단 말인가? 어떤 신이 그에게 이런 '시험'을 한단 말인가?

잠 못 이루고 누워 있던 어느 날 밤 '부끄럽지만 이 어려움을 더는 견딜 수 없다'라는 생각이 확실해졌다. 그는 아내를 요양병원에 데려갔다. 그리고 아내의 말없는 슬픈 눈길을 받아냈다. 물론 아내를 병원에 보낸 후에도 만족스러운 것은 결코 아니었다. 이따금 그는 자문한다. 아내라면 어떻게 했을까? 대답은 꽤나 분명했다.

질병은

관계의 틀을 바꾼다

나이 들어 생기는 질병은 생활을 크게 변화시킨다. 이런 변화가 뭘 의미할까? 어떤 종교인들은 '신의 뜻'이 있을 거라는 생각에 매달린다. 오늘날 많은 사람들이 그렇게 믿지는 않는다. 모든 문제들처럼 질병도 빈번하게 일어나는 인간의 운명일 뿐이다.

남편 또는 아내의 강한 면이 얼마나 쉽게 허물어질 수 있는지를 아는 것도 하나의 깨달음이다. 또 허물어지는 과정을 통해 부부에게 다른 가능성이 있음을 알게 되는 것도 깨달음일 수 있다. 혹은 병든 배우자의 다른 면을 통해 자신의 새로운 면을 발견하기도 한다.

자신이 약해졌다고 느끼는 것, 평범한 일상을 처리하는 게 힘들다고 느끼는 것, 이런 것들을 아무 원망 없이 받아들이는 것, 그것도 하나의 깨달음이다.

관절염으로 심한 통증을 앓는 엘레나가 힘겹게 계단을 오를 때 남편 프리츠는 "여보, 내가 도와줄게. 내 손 좀 잡아"라고 말한다. 하지만 엘레나는 늘 남편의 도움을 거절한다. 그녀는 늘 독립적으로 삶을 꾸려왔기에 앞으로도 그리고 싶어 했다. 남편은 힘든 아내를 기꺼이 도와줄 수 있었다. 여전히 힘이 넘쳤기 때문이다. 아내를 도와주는 일은 그에게 너무도 당연했다. 그런데 아내는 도움 받는 것을 견디기 힘들어했다.

그러던 어느 날 그녀는 도움을 계속 거부하는 것이 둘 모두의 상황을 악화시킬 뿐이라는 걸 깨달았다. 그녀는 자신의 상황을 인정하고, 심지어 휠체어까지 허락했다. 휠체어는 이동을 쉽게 해주었고, 산책이나 시장 보는 일도 가능했다.

건강 문제가 심각해지면 관계의 '틀'이 바뀐다. 역할이 달라진다는 말이다. 환자에게나, 활동적인 상대방에게나 이런 변화를 받아들이기는 쉽지 않다. 하지만 우리는 새로운 틀을 받아들일 수 있을 뿐 아니라 즐길 수도 있다. 여기에는 단단한 정신력이 요구된다.

요양병원을 택하는 것이 마음의 부담을 줄이는 일일 수 있다. 그곳에서도 새로운 걸 경험할 수 있고, 부엌이 좁고 시내로 나가는 일이 불편하다고 늘 한탄할 필요는 없다. 엘레나는 휠체어에 완전히 의존해야 하는 상태가 되자 도시 변두리의 요양병원에서 남편과 함께 살게 되었다. 남편은 이런 불평을 '고급 불평'이라고 불렀다. 남편은 여전히 믿음직스럽고, 엘레나는 내키지 않았지만 결국 이런 상황에 적응하고 최선을 다하는 것을 배웠다.

"우린 함께 있고, 여기서도 몇 가지를 같이할 수 있어요. 게다가 친절한 부부를 알게 되어서 좋은 시간을 함께 보내고 있답니다. 카드 게임도 하면서요. 얼마나 좋은지! 우리를 찾아주는 친구들도 있고요. 친구들 방문이 점점 줄긴 하지만, 사는 게 그렇죠 뭐"라고 남편보다 힘들어하는 엘레나가 말한다. 프리츠는 새로운 상황에 잘 적응한다. 원래 그는 아내처럼 사교적이진 않다. 직장에 다닐 때 어쩔 수 없이 많은 사람을 상대해야 했던 그는 퇴직 후에는 아내로 만족했다.

새로운 삶의 방식이 필요하다

나이가 들고 불행한 상황까지 겹치면 새로운 상황을 호기심으로 받아들이는 것이 우리에게 필요한 기술이다. 이를 통해 관계가 더 좋아질 수도 있지만, 상대방이 너무 힘들어하는 경우엔 실망을 느낄 수도 있다. 이럴 때 다른 방법을 찾아서 균형을 찾는 것

나이가 들고 불행한 상황까지 겹치면 새로운 상황을
호기심으로 받아들이는 것이 부부들에게 필요한 기술이다.
또 허물어지는 과정을 통해 자신들에게 다른 가능성이
있음을 알게 되는 것도 깨달음일 수 있다.

예고 없이 닥친 질병 앞에서
사랑과 믿음을
지키는 방법

이 부부들이 해야 할 과제이다.

"같이 행복하게 늙어가자."

젊은 날에 했던 이런 멋진 약속은 지켜지기 어렵다. '함께 늙어간다'는 말은 새로운 환경에 적응하고, 파트너를 완전히 다르게 경험할 수도 있다는 말이기 때문이다. 실제로 이는 수많은 혼란을 초래하기도 한다.

이런 혼란은 미미하고 사소한 일들에도 나타날 수 있다. 어떤 사람은 밖에 나가기 싫어하며, 또 어떤 사람은 뭔가를 계속 잊어버리고 운전할 때 큰 실수를 저지르며, 어떤 사람은 자주 피곤해하고, 또 다른 사람은 긴 여행을 내켜 하지 않는다. 이러한 모든 것이 삶을 변화시킨다. 이런 경우, 어디까지 파트너와 부딪쳐야 할까? 과거의 생활 방식을 가능한 한 계속 유지하는 것이 더 좋을까? 변화를 겪는 과정에서 우리 부부관계는 어떻게 바뀔까?

어떤 부부의 일상은 큰 무리 없이 바뀐다. 그러나 서로의 욕구가 백팔십도 다를 때 다툼이 일어난다.

일제의 이야기를 들어보자. 일제가 여행에 가는 걸 더 이상 원치 않자 베르너가 불평한다. "당신과 얘기했지. 우리가 집과 일상에 얽매여 산다면 아마 늙은 거라고. 당신이 약속했잖아. 그리고 우린 건강해. 근데 왜 이러는 거야, 대체?" 그렇다. 일제는 여전히 활동적이고 날씬하고 건강하며, 매우 젊다. 그러나 이제 여행이 그다지 즐겁지 않다. 저녁엔 자꾸 피곤이 몰려오는 걸 숨길 수 없다.

그리고 가장 힘든 건 날씨 변화가 두려워진다는 사실이다. 1박 2일은 괜찮지만 며칠이나 몇 주씩 하는 외박은 싫다.

일제는 말했다.

"우린 약속을 변경해야 해. 조건이 바뀌었잖아."

그렇다. 그렇게 표현할 수도 있을 것이다. 어려움이 찾아올 수 있는 중년 이후에는 '계약 조건'이 바뀐다. 그리고 그 해결책이 응급처치여서는 안 된다. 오랜 상의 끝에 일제와 베르너는 다음과 같이 합의했다. 함께하는 여행은 단기로 하고, 장기 여행은 친구와 하기로 말이다. 이렇게 해결이 되었다.

허약함과 질병을
　　받아들이는 것이 나이 듦의 지혜

새로운 상황에 적응하는 것, '자신을 양보하는 것'이 왜 이토록 힘들까?

현대인은 자신의 자율성이 침해받는 것, '천천히 되어가는 것'을 치욕스러운 후퇴로 여긴다. 우리는 어린 시절부터 자연스럽게, 또는 현대사회의 규범을 통해, 효율성의 법칙 혹은 성과의 법칙만이 중요한 무기라고 배웠다. 그러니까 효율성의 상실을 의미하는

‘노화’는 그 어떤 것으로도 대체될 수 없는 후퇴로 여긴다.

전근대 사회에서 노인들의 영역이었던 ‘정신적’, ‘영적’ 세계는 오히려 괴상하게 받아들여지고 있다. 갑자기 교회에 나가는 노인들을 많은 사람들은 우습게 본다. 동화를 들려주던 할머니의 역할은 텔레비전이나 DVD가 대신 해주고 있다. 모든 방면에서 심사숙고와 완만함은 노인들의 자산일 수도 있는데, 사람들은 이를 별로 알아주지 않는다. 물론 예외는 있다. 손자들과 화상통화를 하는 활력 넘치는 할머니들도 있다.

허약해지는 나이가 되어도 삶의 창의성은 요구된다. “‘결핍’을 기본으로 깔고 삶을 고양시키는 거죠”라며 몸이 불편한 아내를 둔 한 남편이 내게 말했다. 그의 아내는 새로운 엘리베이터를 아주 훌륭한 장치라고 감탄하며 필요하지 않을 때도 자주 이용한다고 한다. 밝고 긍정적인 아내는 항암치료 전에도 친구가 마련해준 새 가발을 재미있어했다. 그 가발을 남편에게 보여주며 “내 머리카락보다 더 나은데⋯⋯”라며 미소를 띠고 말했다. “항암치료 끝나고도 쓸까 봐.” 이 말은 억지 익살이었지만, 새로운 것에 대한 받아들임이 묻어나오는 농담이기도 하다. 그녀의 남편은 편안한 웃음으로 아내의 말에 응수했다.

새로운, 혹은 어려운 상황이 닥쳤을 때 누구나 이 부부처럼 여유 있게 대처할 수는 없을 것이다.

귄터는 반복되는 아내의 우울증을 이해할 수 없어서 심리 상담을 받았다. 그리고 마침내 아내의 병을 이해하게 되었고 부부생활을 새롭게 만들어갈 수 있었다. 아내 레나가 아침에 일어나려 하지 않고, 자기는 죽을 날이 가까웠다며 초대 장소에 가지 않겠다고 잘라 말했다. 약속 30분 전이었다. 그는 정말 화가 났다.

하지만 이제 그는 새로운 방식을 받아들였다. 그는 아내와 거리를 두고 친구들을 만날 때도 혼자서 간다. 무엇보다 향정신성약을 먹는데도 거듭되는 아내의 발작적인 무기력과 무관심이 나쁜 의도 때문이 아니라는 것을 이해할 수 있다. 기분이 좋을 때 아내는 예전처럼 친절하고 명랑하다. 그러나 이런 상태가 다시 완전히 변할 수 있다는 걸 알고 있다. 전문적인 상담 덕분에 이제 아내를 이해할 수 있게 되었다. 아내는 예전부터 의식 밑바닥에 그런 성향이 있었다. 선생 노릇을 하며 바쁜 생활을 하느라 드러나지 않았을 뿐이다. 일을 하지 않으면 숨어 있던 우울증이 다시 나타난다.

그녀에게는 치료도 별 소용이 없었다. 귄터는 이런 사실이 처음에는 아내의 거친 성격과 반항 때문이라고 생각했다. 귄터도 치료를 통해 많이 좋아졌기 때문이다. 하지만 이제 그는 아내의 상태를 받아들이고 부부생활의 변화된 상황과 틀을 수용하면서, 함께하는 좋은 시간을 기뻐한다. 아내는 상태가 좋을 때는(다행히 그럴 때가 많다), 귄터에게 진정으로 감사하다고 말한다. "남편은 있는 그대로의 나를 받아줘요"라며 그녀는 종종 말한다. "이제 그이가 날 진짜 사랑한다는 걸 알겠어요. 내가 늘 유쾌한 여자가 아닌 데도."

언젠가 나는 아픈 아내를 둔 친구에게 물은 적이 있다. "여전히 네 아내를 사랑하니?" 그의 아내는 사고를 당해 몇 년간 침대에 누워 지냈고, 말을 할 수도 들을 수도 없었다. 몸이 마비된 상태였다. 그는 마지막까지 그녀를 간호했다. 그의 순수한 대답은 감동을 주기에 충분하다.

"그럼 물론이지. 아내는 여전히 변함없는 내 아내니까."

나이 든 사람들의 멀리 바라볼 수 있는(사소한 일들은 잊을지라도) 능력은 전쟁과 평화, 혹은 기업의 흥망성쇠나 그 비슷한 것들에 대한 통찰력을 뜻하는 것만이 아니다. 나이 듦의 지혜란 일상생활의 크나큰, 그리고 고통스러운 변화들을 내면으로 깨닫고 이를 받아들이는 데 있다. 중년, 그리고 노년에는 상대의 허약함과 질병을 받아들이는 과정이 중요하다는 말이다. '인간의 품위'는 특히 작은 일상생활에서 증명된다.

질병 앞에서
사랑을
지킬 수 있을까?

—

예고 없이 닥친 질병 앞에서
사랑과 믿음을
지키는 방법

12

노후의 삶을 어떻게 꾸려가야 할까?

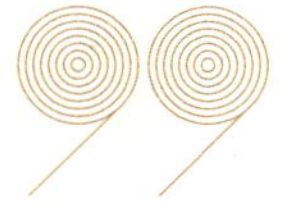

웬수 같은 자식들과 손주 돌보기의 문제

확실히 내 얼굴에는 주름이 늘었을지도 모른다.
그래도 나는 이 주름의 수만큼 친절함을 알게 되었다.

그래서 젊었을 때의 나보다 지금의 내 얼굴이 좋다.

—

오드리 헵번

웬수 같은 자식들

어린 자식들 때문에 고달팠던 시기는 다 지나갔다. 자식들과 함께 힘든 사춘기 고비도 넘기고 안정기가 찾아왔다. 부부는 이제 자식들도 잘 살아갈 거라 여기며, 그러기를 바란다.

하지만 여전히 자식 문제로 속을 썩고 상처 받는 부부들이 많다. 자식들이 제대로 된 인생을 살게 하기 위해 여지껏 고생해왔는데, 코빼기도 잘 안 보인다. 심지어 떨떠름한 표정으로 쑥 얼굴만 내밀곤 재미없게 그냥 왔다 갔다 한다. 이런 자식들의 행동거지를 이해해야 하나? 전화도 그렇다. 전화를 걸면 대개 자동응답기만 홀로 돌아간다. 자식들이 다시 전화를 걸어주리라는 기대는 하지 않는 것이 좋다.

그래서 다음 통화에선 불만이 터져 나온다. 대부분이 어머니들인데, 첫 마디가 이렇다. "넌 어째 전화 한 통 없냐?" 그러면 곧 먼저 전화하는 일을 놓고도 계산을 하게 되고, 자동적으로 부모에게 연락하기 싫어한다. 서로 상처를 주고받도록 미리 프로그램 되어 있는 것이다. "넌 할머니 생신도 기억 못 하니?", "일주일 전부터 아버지가 기침을 심하게 하시는데, 넌 관심도 없냐?" 이렇듯 무얼 잊고, 무얼 못했는지 등등의 질책이 계속된다.

물론 전혀 다른 장면도 있다. 매일 부모에게 안부를 묻는 사랑스러운 아들과 딸. 모든 일을 부모와 공유한다. 그런데 이런 자식들이 바람직한 것만은 아니다.

이런 사례를 해석하는 틀은 여러 가지다. 자식을 완전히 독립시키지 못한 건 아닐까? 그렇지 않다면 왜 계속 연락하고 어려운 일이 생길 때마다 부모를 찾는 걸까? 하지만 가장 확실한 사랑을 주는 부모의 도움을 받는 것이 진짜 '정상'일 수도 있다.

다른 사람들의 삶에 무신경한 자식은 또 어떤가? 자식들을 타인의 복지에 아무 관심도 없는 이기주의자로 키운 건 아닐까? 너무 엄격하게, 혹은 버릇없게 키운 건 아닐까?

부모 자식 관계가 약하면 
노년이 힘들다

친구 사이인 헤르타와 브리기테는 자식 문제가 늘 고민이다. 둘 다 자식들에게 불만이 많다. 물론 자식들을 만나 기쁜 날도 있긴 하다. 브리기테의 남편 볼프강은 이런 문제에 태평했다. "가만 놔 둬. 지들 인생이 있잖아. 우린 우리 인생이 있는 거고!" 그러면 헤르타의 남편도 맞장구를 쳤다.

두 여자는 자신들의 상황을 꼼꼼하게 분석했다. 자식들이 일하느라 힘든 건 사실이다. 그들은 집안일과 육아를 병행하면서 직장에 다닌다. 그러니까 이해를 해줘야 한다.

하지만 헤르타는 늘 불만이다. 헤르타가 자기 얘기를 하려고 하면, 딸은 흘려들을 뿐 아니라 중간에 얘기를 끊고 요즘 일을 따기가 어렵다며 지 얘기만 늘어놓는다. 이럴 땐 딸이 인정머리 없다고 느껴진다. 브리기테는 딸과 전화할 때면 딸이 늘 하품을 한다고 말한다. "피곤하니?" 엄마가 뾰로통해서 물으면 딸은 "왜 그러는데?"라며 퉁명스럽게 대답한다.

어릴 적 교육 방식이 불만이었던 딸이 늙은 엄마에게 벌을 주는 거라고 브리기테는 생각한다.

"난 너무 완벽주의자였어. 모든 게 그래야 했지. 가구와 베개 색깔, 아이들 옷과 티셔츠도 흔한 그림이 들어간 건 안 되고, 원색적인 옷도 어림없었지. 근데 이제 딸애가 자기 쌍둥이 애들에게 그런 싸구려 옷을 입혀서 내 집으로 보내는 거야. 그럼 이런 생각이 들어. 요것이 보란 듯이 이러는구나, '옛날 엄마의 행동이 얼마나 우스꽝스러운 거였는지 보라구' 하면서. 그러고는 하나하나 지 말을 늘어놓기 시작하지. 자기가 얼마나 좋은 유치원에 애들을 보내고 있으며, 어릴 적에 엄마가 고른 유치원은 얼마나 형편없었는지. 자기가 고른 유치원은 좋은 교육을 해주고 아이들을 인지적, 감성적으로 키우는 훌륭한 곳이라나."

늙어서 힘들어지면 자식과의 관계가 단단한지 아닌지가
여실히 드러난다. 부모 자식 관계가 깊으면
살면서 생기는 어려움을 잘 이겨낼 수 있으며,
생에 대한 만족감도 커진다.

중년기 결혼생활을 엉망으로 보냈기에 헤르타는 자신을 책망한다. 부부 갈등을 자식들에게 숨길 수 없었다. 그 과정을 고스란히 겪은 큰아이 둘은 그래서 매우 반항적이다. 그러나 좋은 병원의 의사가 된 막내는 부모를 부드럽게 대한다. 헤르타는 큰애들보다 막내와 더 많은 이야기를 나눈다.

어머니, 혹은 아버지에 대한 질투와 시샘은 사랑과 신뢰에 뿌리를 둔 관계에 걸림돌이 될 수 있다. 늙어서 힘들어지면, 자식과의 관계가 단단한지 아닌지가 여실히 드러난다. 부모 자식 관계가 잘 형성된 집안은 난관이 생겨도 잘 헤쳐 나가며 부모 자식의 삶이 편안하다.

손주 돌보기와
교육

　부모 자식 관계도 손주가 태어나면 달라진다. 손주는 커다란 행복감을 안겨주는 삶의 활력소이다. 조부모가 여전히 직업을 갖고 있다면 생일과 크리스마스 때 선물을 주고, 가끔 집에 초대하고, 손주 안부를 묻는 것 이상으로 조부모가 할 수 있는 일은 별로 없다.

　하지만 대부분의 경우, 조부모가 되는 시기는 꽤 늦게 찾아온다. 자식들이 결혼해 제대로 자리를 잡으려면 시간이 오래 걸릴 뿐 아니라 출산 시점이 과거에 비해 5~6년 정도 늦어진 탓이다.

　대개 이렇게 늦은 시기에 할머니, 할아버지로 살게 되는데, 건강만 괜찮다면 정말 중요한 때인 '할머니, 할아버지 시기'를 시작하게 되는 것이다.

　손주를 키우는 할머니, 할아버지의 생활은 저마다 다르겠지만, 대부분은 아주 힘든 나날을 보낸다. 내가 아는 한 부부는 자식과 손주의 24시간 도우미 역할을 하기 위해 이사를 했다. 또 다른 부부는 가장 일반적인 경우로서 아침부터 저녁까지 손주를 봐준다. 유치원이나 학교에서 손주를 데려와 돌봐주고, 학원에 데려다주고, 때에 따라 집에서 재우기도 한다. 자식들이 아이를 맡길 때만 대기하는 할머니, 할아버지도 있다. 이 모든 사례를 통해 다음과 같은 사실이 분명해진다.

이제 할머니, 할아버지는 손주가 어떻게 하루를 보내는지 살펴야 하며 늘 대기 상태로 지내는 경우가 많아졌다. 그래서 교육이나 학교, 아이들 성격에 큰 관심을 가진다. 이런 변화는 이전 시대와는 다르기 때문에 새롭게 대처해야 한다고 할머니, 할아버지들은 입을 모은다. 할머니, 할아버지는 자식들을 엄격하게 키운 데 반해, 손주들에게는 마음이 아주 약하다. '아이들을 버릇없게 만드는 할머니'라는 일반적인 생각은 사실 맞는 말이다. 옛날엔 주부들이 사회생활을 하지 않았기 때문에 조부모가 손주들을 돌볼 필요가 없었다. 방학 때 시골 농가에 사는 할머니, 할아버지를 방문하는 건 즐거운 일이었다.

과거 세대의 할머니, 할아버지들은 교육이나 손주의 학교 문제를 그다지 심각하게 보진 않았다. 손주들은 학교 성적이 좋았고 (그저 희망사항이었을까?) 나쁠 때는 걱정 어린 충고를 해주었다. 손주들을 방문하거나 손주들이 찾아왔고, 함께 다과를 나누고, 용돈이 필요해 보이면 슬며시 돈을 찔러주고 왔다.

오늘날의 할머니, 할아버지들은 이제 전혀 다르다. 매주 손주를 보며 아이들 교육에 깊이 관여하고 있기 때문에 일상의 소소한 걱정거리들도 다 알고 있다. 이전과는 환경이 많이 바뀐 것이다. 나이 든 부부들은 지금과는 매우 다른 교육적 분위기에서 자랐기 때문에, 자식들 키울 때는 정작 다른 가치관에서 오는 혼란을 겪곤 한다. 그래서 '비권위적인 교육을 시켜야 할까?', '유치원에 보낼까, 보내지 말까?' 등등으로 고민한다.

그렇다면 현재는 어떨까? 지금은 비권위적인 교육에 대한 맹목적인 지지는 사라지고 있다. 더 이상 아이들이 어른의 친구여서는 안 된다는 것이다. 하지만 이런 상황에선 어떻게 해야 할까? 아이들이 매일 〈엑스맨〉을 보려고만 한다면 그 뜻을 받아줘야 할까? 원하는 물건을 얼마나 사줘야 할까? 잠자리에 든 애들이 자는지 감시해야 할까? 아무 데서나 자도록 허락해도 될까? 이런 문제들은 깊이 생각할 거리와 걱정을 안겨준다.

많은 할머니, 할아버지들은 요즘 젊은 부모들이 "너무 양보한다"고 말하지만, 정작 당신 자식들을 키울 때는 얼마나 〈빨강머리 삐삐〉나 〈캔디〉를 많이 보여줬는지…….

할머니, 할아버지들이 꼭 손주들을 버릇없게 만드는 것은 아니다. 당신들은 부모가 애들에게 너무 오냐 오냐 하는 것을 고쳐주려고 하기도 한다. 하지만 결국 당신들도 손주들이 버릇없게 구는 행동을 눈 감고 만다. 한마디로, 당신 자식들이 그랬던 것처럼 할머니, 할아버지의 태도도 교육을 둘러싼 본질적인 문제를 보여주고 있다. 채찍이냐 당근이냐? 규율이냐 자유냐? 할머니, 할아버지들은 당신 자식들과 아이들 교육에 대해 토론을 한다. 그럴 때 자식들은 달라지는 교육방법에 대해 대부분 찬성하지만 반대할 때도 있다.

조부모는
미래 세대의 부부상

손주를 키우는 마리온은 '교육'에 관한 내용이라면 신문이나 잡지에서 모두 읽는다고 내게 말했다.

"내 자식들을 키울 때는 학교 문제가 그리 중요하지 않았어요. 집에서 가까운 초등학교와 인문계 고등학교를 선택했으니까. 이유는 단순했어요. 먼 거리를 통학하지 않아도 됐잖아요. 우리 아들, 딸은 성적이 중간쯤 됐지만 상급학교에 못 갈까봐 걱정하진 않았어요. 성적에 대해선 만족했거든요. 딸아이가 의대에 들어가려고 7학기를 기다렸는데 그게 좀 아쉬웠지요. 그 사이 딸은 의료기술 조교로 일을 배우고 나중에 일자리를 얻을 때 도움이 됐지요. 우리 부부는 다 '제 할 노릇'이라고 했어요. 그 딸이 지금 엄청나게 걱정을 하고 있어요. 열 살 된 아들이 국어를 2점(*한국의 수, 우, 미, 양, 가에서 '우'에 해당함—옮긴이) 받아서 혹시 원하는 고등학교에 못 들어가면 어쩌나 걱정하더라구요. 참 이상하죠? 그런데 이런 걱정을 하는 부모가 많아요. 그래서 다른 사람들과도 이런 문제를 이야기해요. 내 친구가 고등학교 교사인데 도움이 많이 돼요. 남편과 나는 이런 토론에 관심이 많아요."

헬가의 경우는 손주들이 게임 중독이라 인터넷 게임에 관심이 많다. 헬가와 안톤은 게임에 대해 알아보고 때로는 손주들과 같이 게임을 하기도 한다. 그래서 게임의 장단점에 대해 경험했기에 이야기를 나눌 수 있다. 전문가가 된 셈이다.

활동적인 할머니, 할아버지들은 손주들에 대해 많은 관심과 열정을 갖고 있다. 오래전에 자식들을 키울 때보다 더 열심이다.

"우리 부부에겐 컴퓨터가 중요한 주제예요." 브리기테가 말을 꺼냈다. "컴퓨터 사용법을 배우긴 했죠. 하지만 손주를 통해 컴퓨터 다루는 법을 더 잘 알게 됐어요. 그리고 컴퓨터가 어린아이에게 무엇을 의미하는지, 퍼스널 컴퓨터와 텔레비전이 아이들 두뇌와 가치관 발달, 일상생활에 어떤 영향을 미치는지 우리는 정말 많이 읽었어요. 얼마 전엔 교육에 관심 있는 부부들과 함께 〈엑스맨〉을 놓고 저녁 내내 이야기를 나눴는데, 요즘 이런 문제에 관심이 많아요. 믿기 힘들겠지만, 이런 대화는 신학 문제로까지 이어진답니다.

성경에 나오는 악과 폭력의 의미를 가지고 당면 문제를 바라보는 거죠."

이처럼 깊이 있게 대화하는 사람들은 소수지만, 보통 할머니, 할아버지들에게 대화 소재는 풍부하다. 그리고 부부를 내적으로 연결시켜주는 주제도 분명히 있다. 옛날에는 자식들 문제를 이야기할 때는 대화가 늘 삐걱거렸다. 애들의 행실을 비난하면 누구 때문에 잘못 되었는지를 놓고 따졌다. "당신이 애를 버릇없이 키워서……", "당신이 애들을 방임해서……" "너무 무시해서……" 이런 것들이 쌓여 불화를 만들었다. 그러나 손주 문제에 대해선 대체로 의견이 일치했고, 그렇지 않을 때도 '누구 탓'을 하지 않았다.

손주는 나이 든 부부의 결혼생활에 활력소가 될 수 있다. 다만 둘 모두가 책임감을 느껴야 그것이 가능하다. 옛날에 하던 식으로 하면, 다시 케케묵은 과거로 돌아가게 된다. "할아버지 앞에서는 얌전하게 굴어야지." "할아버지 방해하면 못써." "할머니는 케이크 굽고 옛날이야기 해주는 사람이야." 이 얼마나 따분한 말인가?

할아버지가 손주와 함께 기계와 공구를 다루는 특별한 시간을 갖는다면 삶의 활기를 만들어낼 수 있다. 처음으로 할아버지는 어린아이의 욕구와 그 위험성을 제대로 알 기회를 갖게 되는 것이다. 수많은 남편들은 자식들과의 관계가 어긋나 있어서 아내들은 이런 과거사를 완전히 용서하지 않는다. 할아버지 역할이 어떤 것이든, 이제 그 역할을 함으로써 옛일을 다시 회복할 수 있다고 할머니들이 만족스러워한다. 어떤 할머니는 이렇게 감탄하기도 한다. "그이는 정말 훌륭한 할아버지가 되었어요." 어떤 남편에게는 이런 말이 엄청난 칭찬이다!

최근 할머니, 할아버지의 손주 돌보기가 확산되면서 조부모의 '존재'가 새롭게 인식되고 있다. 정신적으로 깨어 있고, 육체적으로 활동적인 조부모는 손주에게 많은 것을 해줄 수 있다. 또 손주들 마음속에도 조부모가 바람직한 부부상으로 자리 잡게 된다. 핵가족 안에서 자란 아이들은 삶의 모델로 삼을 만한 가까운 사람들이 적기 때문이다. 할아버지, 할머니가 실제로 자신의 노력을 투자하면 중요한 보완 역할을 할 수 있다. 집안이 제대로 굴러가지 않을 때 조부모는 균형을 잡아주는 중요한 역할을 한다.

조부모가 여전히 생존해 있는 20, 30대 환자들은 상담 시간에 내게 자주 이야기한다. 부모의 이혼이나 사춘기의 힘든 시기에 할머니, 할아버지가 자신들한테는 매우 소중한 존재였다고, 그리고 지금도 함께 계시면 마음이 든든하다고. 또한 할머니, 할아버지가 살아 계시지 않더라도 그들 마음속에 하나의 버팀목으로 자리 잡고 있으며, 때로는 부모님보다 더 많은 힘을 준다.

노부부가 손주에 대한 의무를 함께 인식한다면 일종의 팀 아르바이트가 된다. 이런 팀 활동은 그들을 결속시킨다. 또한 할머니, 할아버지가 부부로서도 중요하고, 손주에게도 살아 있는 미래의 부부상을 제대로 보여줄 수 있다.

나는 당신과
함께 나이 들며
행복하게 살고 싶다

초판 1쇄 인쇄 2014년 8월 10일
초판 1쇄 발행 2014년 8월 15일
지은이 에바 예기
옮긴이 고맹임
펴낸곳 와이즈북
펴낸이 심순영
등 록 2003년 11월 7일 (제313-2003-383호)
주 소 121-841 서울시 마포구 동교로 142 5층(서교동 464-4 5층)
전 화 02) 3143-4834
팩 스 02) 3143-4830
이메일 cllio@hanmail.net
ⓒ 와이즈북, 2014
ISBN 978-89-958457-9-0   13180

이 도서의 국립중앙도서관 출판시도서목록(CIP)은
e-CIP 홈페이지(http://www.nl.go.kr/ecip)와 국가자료공동목록시스템
(http://www.nl.go.kr/kolisnet)에서 이용하실 수 있습니다.
(CIP 제어번호: CIP2014019215)